JN027456

推し色に染まる

＃推し活メイク

監修 劇団雌猫
メイク paku☆chan

インプレス

Introduction

#推し活メイク

どうやって楽しむ？

舞台観劇の日

原作でも大好きな
エピソードが舞台に。
推しキャラカラーの
水色メイクで大活躍を
目に焼きつけなきゃ♡

写真集お渡し会の日

初めての対面に
心臓バクバク。
一瞬しか会えない
からこそ、少しでも
可愛くいたいのが
オタク心……！

ほかにも……

グループの結成記念日

大切な結成記念日はオタクにとってもとっても大事な日。仕事中もグループカラーメイクで密かにお祝いモード！

応援上映の日

作品のモチーフを散りばめたメイクでテンションアップ！

ポップアップストアに行く日

今、気になっているキャラを意識してメイク。もっと好きになってきちゃった……?!

オタク友達と遊ぶ日

あの子の推しの概念メイクでサプライズ。気づいてくれるかな？

日常シーンでも……

髪色に合わせる

髪にハイライトでブルーを入れたからメイクもブルーで揃えてみよう♪

服に合わせる

最近お気に入りのオレンジのワンピースに合わせてメイクもオレンジに！

気持ちを高める

大事なプレゼンの日は、強くて情熱的なあのキャラの力を借りて。赤リップを塗ったらやる気が出てきた！

行く場所・シーンに合わせる

ホテルへランチをしに行くからパープルメイクでエレガントな雰囲気にしてみよう♡

大好きな推しの色に
染まる幸せを、あなたにも。
テンションを上げたい日も、
勇気が欲しい日も、
いろいろなシーンで
#推し活メイク を
楽しんで！

はじめに

「〇〇くんを好きになって、身の回りに赤いアイテムが増えてきた」

「モチーフも色遣いも完璧……!
このお菓子、実質推しとのコラボアイテムじゃん!」

推しにまつわる色やモチーフを見かけるとつい反応してしまう、
という人は結構多いのではないでしょうか?

目に入るたびに笑顔になったり、色を選ぶ楽しさや理由が増えたり、
日々に潤いを与えてくれる「推し色」。
そんな心ときめく色たちを、メイクにも取り入れてみませんか?

赤や青、オレンジなど、普段は避けがちな派手なカラーもおまかせを!

この本では「オタクのための推し色メイク」をコンセプトに、女性誌でも大人気のヘア＆メイクアップアーティスト・paku☆chanさんによるメイクをたっぷり紹介します。

ライブや舞台などスペシャルな場を盛り上げるものから、オタバレしていない職場や学校でも使える日常メイクまで。

色ではなくキャラのモチーフや世界観を表現する「概念メイク」や、コンサートやオンラインお話し会など、推し活でよくあるシーン別に使えるメイクテクニックも紹介します。

「推し事」がある特別な日だけでなく、いつもの日常にも「推し色メイク」はそっと寄り添います。

なんだかうまくいかない日でも、まぶたの上に推し色、概念が潜んでいると思うと……ちょっと元気が出ませんか？

あなたの大切な1日を、カラフルに色づかせるメイクが見つかりますように。

劇団雌猫

CONTENTS

CHAPTER 1
推し色に染まるカラーメイク

※ 商品の価格は編集部調べによるものです。なお商品の価格は税込表記となっています。
※ 掲載情報は23年9月時点のものです。商品は販売が終了する可能性があります。
※ 商品に関する質問はP.140～掲載の各メーカー、ショップへお問い合わせください。

#推し活メイク

CHAPTER

1

推し色に染まる
カラーメイク

Oshi-Color

キャラクターのイメージカラーや、

グループ内の担当カラーなどの「推し色」別に

日常から特別な日まで使えるカラーメイクをたっぷり紹介。

カラー下地で苦手な色を克服する

CHAPTER 1 では、ポイントメイクのみ解説をします。その前にベースメイクの
ワンポイントを紹介。カラーメイクをするときは、カラー下地を活用し、
使う色に寄り添う肌トーンにすると苦手な色でも取り入れやすくなります！

暖色系の色が苦手な人　　## ベージュ下地を顔全体に広げる

After

Before

黄み寄りの暖色系カラーだと色が沈むブルーベースタイプの人は、ベージュ系下地を顔全体にON。肌なじみがよく、イキイキとした肌印象に仕上がります。その後、ファンデーションを重ねて。

寒色系の色が苦手な人　　## ブルー下地を顔の内側にのせる

After

Before

寒色系カラーだと肌浮きするイエローベースタイプの人は、ブルーの下地を取り入れて。ただし、顔全体に広げると、顔色が悪く見えてしまいます。髪の生え際や輪郭まで塗らずに、顔中心のみミニマムに塗るのが正解！

CHAPTER1の見方

＼ 1つのカラーで2つのメイクを紹介 ／

スペシャルメイク

全パーツに色を入れるなど推し色の"盛りモード"なメイク。色の主張が強いので、イベントに行く日やがっつり推し色に染まりたいときにおすすめ。

ナチュラルメイク

ワンポイントや淡いトーンで程よく推し色を取り入れたい日のメイク。色感はありつつさりげないので、デイリーシーンで推し色に染まりたいときにおすすめ。

※スペシャルメイクのみのカラーもあります

＼ メイクの解説ページ ／

このページのメイクについての解説

カラーメイクの手順の解説。ベースメイクは仕上げた状態から始めましょう。

このページのメイクの特に大事なポイントについて

カラーメイクで用いたコスメの紹介（通常使いのアイブロウやマスカラなどでOKの場合は紹介していません）

RED

OSHI COLOR ♥ 1

赤色
メイクの
ポイントは…

質感や範囲の引き算で
赤の存在感を活かし
推しが持つ主役感をゲット

活発さやグループの中心的存在を表すことが多い赤。
カラーをとことんアピールするなら、やっぱりアイメイクで！
でも、存在感が強く一歩間違えるとトゥーマッチになるのが
赤推しさんの悩みですよね……。ワントーンで揃えつつも、
入れる範囲や質感を引き算しながらバランスを取ると
ちょうどよい存在感の赤推しメイクに仕上がります。

RED
OSHI COLOR
♥ 1
／
ナチュラル

赤を目元で匂わせる♡
デイリー使いしやすい微熱アイ

EYEBROW　EYE　LIP

オフィスシーンでも使えるナチュラルな赤メイクです。ポイントは赤とブラウンのアイシャドウを2：1の分量で混ぜること。赤推しを匂わせる程度の、まるで微熱を帯びたようなじんわりとした眼差しになります。

Front

How to

1. aの1のワックスパウダーをベースとして眉全体を描く。その上からaの2の赤みブラウンのパウダーをふんわりと被せる。ほのかに赤ニュアンスを感じる眉へ。

2. アイシャドウは、bの1の赤とbの2のブラウンを、2：1の分量でブレンドする。ブラシに取り、上まぶたのアイホールの半分にのせる。下まぶた全体にもなじませる。

3. cで目のキワに赤めのアイラインを引く。次に、細いチップにbの1とbの2を1：1の分量で混ぜ、ラインの上をぼかす。赤のラインが強くなりすぎず、じんわりと発色。

4. チークとリップはヌーディカラーで。チークはdをブラシに取り、頬に逆三角形を描くようにON。ツヤ足し程度にして引き算を。リップは唇全体にeをさらっと直塗り。

[map]

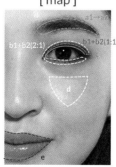

a1-ran
b1+b2(2:1)   b1+b2(1:1)
d
e

[point]

**ラインをぼかし
目元印象を柔らかく**

アイラインの上部をアイシャドウでぼかす。チップを使いアイラインとの境目を曖昧にすると柔らかな印象に。

[items]

a &be パレットアイブロウ レッドブラウン ¥2200／Clue **b** ヴィセ ニュアンス マット クリエイター RD-2 ¥1320（編集部調べ）／コーセー **c** ミネラルス マッジアイライナー 03 ¥3300／MiMC **d** ローラ メルシエ ブラッシュ カラー インフュージョン R1 ¥4180／ローラ メルシエ ジャパン **e** ルージュ スナイ デル 01 ¥3080／スナイデル ビューティ

Special

部分的に盛って大人っぽく赤推しをアピール

EYEBROW　**EYE**　**LIP**

018

とにかく赤を盛りたい特別な日は、ワントーンメイクに。ただし、赤メイクはトゥーマッチになりすぎない絶妙な引き算バランスが肝心！ チークはヌーディな色で軽くのせ、リップはマット質感でカジュアルダウンします。

Front

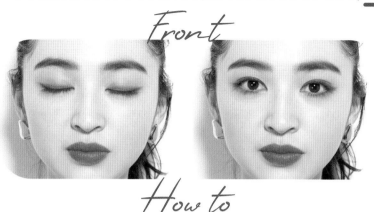

How to

1. **a**の1のワックスパウダーで眉全体を描く。その上から眉の毛にのせるイメージで**a**の2の赤をブラシでふんわりと被せる。赤の眉は意外と顔になじみやすい。

2. アイシャドウを入れる範囲はナチュラルメイクと一緒。今回はブラウンを混ぜず、**b**の1の赤のみ。上まぶたはアイホールの半分、下まぶたは全体にブラシでのせる。

3. **c**のアイライナーで、目のキワ全体にラインを引く。まつ毛をアイラッシュカーラーでカールアップ後、まつ毛上下には**e**の赤みマスカラをしっかりと塗る。

4. 頬はナチュラルメイクと同じく、**d**でツヤ足し程度にブラシで三角形にのせる。リップは**f**を唇全体に塗った後、指に**b**の1を取り、唇全体にポンポンとなじませる。

[point]

パウダーをONでマットなリップに

リップはマットの赤アイシャドウを重ねてパウダリーな質感に。しっかり発色しつつも落ち着いた印象に。

赤パウダーは毛にふんわりのせる

赤のアイブロウは地肌ではなく、眉毛にのせるイメージで。ベタッとせず、ふわっと柔らかな立体感をメイク。

[map]

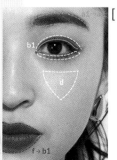

[items]

a　b　c　d　e　f

a〜dはP.17のコスメと同じ。
e ジルスチュアート ブルーミングラッシュ ニュアンスカラー 03 ¥3300／ジルスチュアート ビューティ **f** ヴィセ ニュアンス マット ルージュ RD440 ¥1540（編集部調べ）／コーセー

ORANGE

OSHI COLOR ♥ 2

オレンジ

メイクの
ポイントは…

トーンを合わせて

重すぎない質感で盛って

元気な推し色に染まる

太陽のように元気で温かいイメージのオレンジ。
淡いワントーンでも、ポイントで主張してもトライしやすく、
推し色をまといながらおしゃれにもキマる色なんです。
意外と色の主張は強いので、トーンは合わせた方がおしゃれにキマります。
合わせるマスカラやアイライナーはブラウンでもいいけれど、
特別感を出すなら黒と組み合わせた方が盛れるのでおすすめ。

ニュアンス程度に仕込むだけでも、意外と色が映えるのがオレンジの醍醐味です。全体を淡くワントーンにまとめて、さりげなく推しオレンジの主張を。ふんわり広げたオレンジは肌をイキイキと見せ、ポジティブな印象になります。

Front

How to

1. アイシャドウパレットの**a**の1を、アイホールの半分程度になじませる。柔らかく発色させるため、アイシャドウは指でなじませる。下まぶたはアイシャドウレスで。

2. アイライナーはオレンジニュアンスを感じるブラウンを。まつ毛の隙間を埋めるイメージで、**c**でラインを引く。目尻は2〜3mm程度伸ばして引き抜くイメージ。

3. **b**のチークは1の端の淡い色を中心にブラシで混ぜ取る。ニコッと笑ったときに高くなる頬を中心に、ふんわりとなじませる。ほのかに感じる程度に色をON。

4. リップはツヤッと潤うバームタイプの**d**をチョイス。淡いアイメイクとも相性がよく、軽やかな印象に仕上がる。唇全体にさらっとなじませて。

[map]

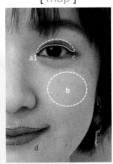

[point]

アイシャドウは
薄く狭くのせる

指でのせるオレンジのアイシャドウは、範囲を広くしすぎないのがポイント。薄め、狭めでナチュラルに。

[items]

a ベイビーブライト シャインアイシャドウパレット 03 ¥990／JF ラボコスメ **b** ブラッシュ & イルミネーター パレット 001 ¥1870／レブロン **c** エグザジェレート ラスティングリキッドアイライナー WP 110 ¥1210／リンメル **d** キス グロウ バーム 002 ¥1100／レブロン（23年10月26日発売）

ORANGE
OSHI COLOR ♥ 2
スペシャル

Special

ハッピーオーラ溢れる抜け感オレンジワントーン

EYEBROW EYE LIP

オレンジの分量を増やしつつも、シアーな発色のアイテムを選ぶことで、重たくなりすぎずフレッシュな印象に。マスカラはあえての黒にすることで、アイシャドウとのコントラストが強調され、目元の印象が高まります。

Front

How to

1. 眉は手持ちのブラウン系コスメで描いてから、最後にcのオレンジのアイブロウマスカラを塗る。眉全体をしっかりカラーリングしてオレンジをアピール。

2. 上まぶたの二重幅よりやや広めにaの1、その上からaの2をブラシで重ねる。細いチップにaの3を取り、下まぶたの目のキワ全体になじませる。

3. 彩度の高いdのアイライナーを目尻にポイント使い。締め色がないので、マスカラは黒をセレクト。まつ毛の根元からしっかり塗り、メリハリをつける。

4. チークはb全体をブレンドしながらブラシに取り、小鼻横から丸く入れて甘さをプラス。リップはeをたっぷりと二度塗り。むっちりと立体的な唇に。

[point]

眉マスカラで
眉全体をオレンジに

眉マスカラは逆毛を立てて塗ることで色がしっかりのる。眉尻から眉頭に向かって塗っていくのがポイント。

目尻に三角の
アクセントライン

dのアイライナーで目尻のみラインを引く。ハネ上げたりせず、目のフォルムに合わせてスッと引き抜く。

[map]

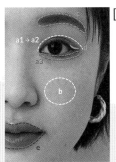

[items]

a〜bはP.23のコスメと同じ。
c ＆be アイブロウマスカラ オレンジブラウン ¥1320／Clue　**d** EYE OPENING LINER ORANGE ¥1694／UZU BY FLOWFUSHI　**e** スナイデル ピュア リップ ティント S 03 ¥2970／スナイデルビューティ

YELLOW

OSHI COLOR ♥ 3

黄色
メイクの
ポイントは…

シーンに合わせて

彩度をコントロールして

ポップ＆ハッピーに

身にまとうと明るくハッピーな気持ちになれるポジティブカラー♪
意外と肌なじみがよく、取り入れやすく使い勝手のいいカラーです。
日常で推しを感じたい日はベージュと組み合わせたり、
彩度の低い黄色をチョイスしたりするのがポイント。
イベントの日など、黄色を強く主張したい特別なシーンでは
彩度の高い黄色を組み合わせて、とことんポップに仕上げるのが◎。

ほのかに推しを感じる
リラックスなイエロー

EYE　CHEEK　LIP

肌なじみがいいものの、カジュアルになりすぎることもある黄色。ベージュをベースに仕込むことで、肌なじみと落ち着き感がUPします。ビジネスシーンでも取り入れやすく、いつでも推しの黄色と一緒に過ごせます♡

Front

How to

1. **a**を上まぶたになじませて、まぶた全体に指でぼかす。下まぶた全体にも**a**でラインを引く。ベージュをベースとして使うことで、黄色がデイリー使いしやすくなる。

2. **b**を細いブラシに取り、アイラインになるように目のキワ全体に置いて黄色をアピール。柔らかさのあるブラウンのマスカラでまつ毛全体を塗る。

3. チークもアイシャドウ同様、ベージュを仕込むことで肌なじみを高めて。**d**のチークをブラシで頬全体にふんわりとのせ、その上から**c**の黄色チークをブラシで重ねる。

4. リップは黄色とも相性のよく、大人っぽく仕上がるテラコッタブラウンをセレクト。**e**で唇の輪郭を整えながら描き、アウトラインは指でぼかす。

[map]

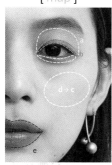

[point]

ラインで部分的に
イエローを発色

黄色のアイシャドウは細いブラシで、チョンチョンとキワに置くように塗ると発色UP。存在感のある目元に。

[items]

a スナイデル デザイニング ペンシル 01 ¥2970／スナイデル ビューティ　**b** ヴィセ アヴァン シングルアイカラー 024 ¥880（編集部調べ）／コーセー　**c** キャンメイク パウダーチークス PW40 ¥605／井田ラボラトリーズ　**d** セザンヌ ナチュラルチークN 19 ¥396／セザンヌ化粧品　**e** &be クレヨンリップ テラコッタ ¥1980／Clue

ひまわりのようなホットなイエローの魅力が開花

EYE ＼ CHEEK ＼ LIP

黄色を盛りたい日は、彩度の高い黄色やラメを組み合わせてポップに。あえてマスカラレスにすることで、目元の黄色が映え、ヘルシーな印象を作ります。ゴールドのラメを仕込んで、まばたきや角度の変化でより可愛く。

Front

How to

1. 上まぶたのアイホール全体に**a**のベージュを広げてベースとして仕込む。さらに目のキワからアイホールの半分にブラシで**b**の黄色を重ね、メリハリ感を出す。

2. 1のベージュと黄色のアイシャドウの境目を、**d**のラメでぼかす。下まぶたの中央キワにのみ、**d**のラメをON。潤んだような目元の印象に。

3. マスカラを引き算する分、目元のフレームはブラウンのアイライナーで引き締め。目のキワ全体にブラウンラインを引いた後、目尻にのみ**e**で黄色のラインを引く。

4. **c**の黄色系チークをブラシに取り、頬にふんわりと楕円形に広げる。リップもイエローベージュの**f**をチョイス。唇全体に直塗りをし、カジュアルに仕上げる。

[point]

**高発色イエローを
目尻にのみ置く**

黄色のアイラインを目尻側に1cm程度引く。部分的に発色のいいラインを入れることで黄色を強く主張。

**ゴールドラメを
目尻に細く仕込む**

アイシャドウの境目をラメの光でぼかすテクニック。上下に入れたラメラインがまばたきするたびにキラリと光る。

[map]

[items]

a   b   c   d   e   f

a〜cはP.29のコスメと同じ。
d シピシピ グリッターイルミネーションライナー R 02 ¥1320／Rainmakers
e アディクション ザ カラー リキッド アイライナー 008 ¥3300／アディクション ビューティ **f** ルージュ スナイデル 17 ¥3080／スナイデル ビューティ

緑
メイクの
ポイントは…

黄み系でなじませ

目元でグリーンをきかせて

自然な洒落感をON

落ち着いた癒やしのカラーからポップなイメージまである緑。
「メイクで取り入れにくい」と悩む緑推しさんも多いかも。
緑や黄緑をおしゃれに見せるためにカギとなるのが
広い範囲で使わず、ミニマムにポイント使いすることです。
組み合わせる色は、ベージュ系やオレンジなどの
黄み系で揃えると、主役の緑をさらに映えさせます。

1

GREEN

OSHI COLOR ♥ 4

抹茶色でさりげなく引き込む

緑推しのシャドウライン

EYE　CHEEK　LIP

上下に入れた抹茶カラーのアイシャドウがポイントです。緑をライン状に入れることでポップさをセーブしつつ、下まぶたの目頭で存在感をアピール。キワにブラウンのインラインを仕込むことで、緑を際立たせます。

Front

How to

1. aの1を指でアイホール全体に。細ブラシにaの2の緑を取り、黒目の上から目尻のキワにラインを引く。上まぶたは目尻側に、下まぶたは目頭のみにON。

2. まつ毛の生え際内側にはブラウンのペンシルアイライナーでラインを引いて引き締め。マスカラも黄み系のブラウンをセレクト。上下のまつ毛にさらっとなじませる。

3. チークは緑と相性のいいピンクベージュ系をチョイス。bのチークをブラシに取り、頬骨に沿ってふんわりとなじませ、気配程度の軽いニュアンスに。

4. リップはマットな質感でカジュアルに。cを唇の内側からなじませて、アウトラインはきっちり取らず曖昧にぼかすようにするのがポイント。

[map]

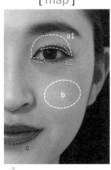

[point]

**目尻側＆目頭に
グリーンをきかせる**

上側は目尻に向かって太く、下まぶたは目頭のみに緑ラインを引く。抜け感を出しつつも、緑を際立たせる。

[items]

a hince ニューデップスアイシャドウパレット 03 ¥4290／VIVAWAVE　b &be ブレストチーク シームレスピンク ¥2420／Clue　c アディクション ザ マット リップ リキッド 020S ¥3520／アディクション ビューティ

遊びのきいた鮮やかラインで推しの緑をもっと呼んで

EYE　EYE　LIP

鮮やかな緑で盛るなら、とことん遊びをきかせてポップに振り切るのが正解！ ポップにするときも盛る範囲はミニマムにすると、こなれたバランスになります。リップやチークは緑と相性のいいオレンジや黄色系をセレクト。

Front

How to

1. aのアイシャドウパレットの1のラメを指でアイホール全体にのせる。その上からぼかすようにaの2の緑をブラシで重ねる。下まぶた全体にはaの1をON。

2. 目のキワではなく、二重ラインの目尻側にbでアイラインを引く。目を開けたときにラインが2〜3mm程度見えるように、真横に向かってスッと引き抜く。

3. 上まつ毛全体をアイラッシュカーラーでカールアップ後、cの緑マスカラを上下のまつ毛全体にたっぷりと塗る。ひかえめにしたければ目尻側のみでもOK。

4. チークブラシにdの2色を混ぜ取り、小鼻横からふんわりと横長になじませる。リップは目元の印象を際立たせるため黄色系で。eを唇全体にたっぷりとのせる。

[point]

マスカラは上下に塗って目力を

ポップな緑のマスカラは、上下のまつ毛全体に塗る。キワにアイラインは引かずに、程よく抜け感を作る。

緑の印象を強める位置ずらしライン

普通の位置から外すことで、短いラインでも存在感抜群。一重や奥二重さんは目尻の真横や下まぶた寄りにしても◎。

[map]

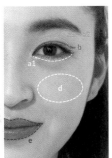

[items]

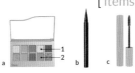

a　b　c　d　e

aはP.35のコスメと同じ。
b アディクション ザ カラー リキッド アイライナー 005 ¥3300／アディクション ビューティ　c キャシードール モンスーンカラーマスカラ 04 ¥1089／JFラボコスメ　d ポール & ジョー プレスト ブラッシュ 10 ¥3,850（セット価格）／ポール & ジョー ボーテ　e フルンフリン シャインユー グロウティント 05 ¥1320／JF ラボコスメ

BLUE

OSHI COLOR ♥ 5

青

メイクの
ポイントは…

程よいクールさは
青のラインやマスカラなど
ポイントで惹きつけて表現

クールさや聡明さを思わせる青。青色メイクは
「顔色が悪く見えそう」「古臭くなりそう」と難しく感じますが
ラインやマスカラなどポイントを絞って青推しを主張すれば大丈夫!
シルバーラメやモーヴカラーなどと組み合わせると
派手になりすぎず、青を程よく際立たせながら
軽やかに見せてくれるのでおすすめです。
ただし、顔色が悪く見える場合があるので血色足しを忘れずに!

軽やかに青推しを主張する
まつ毛だけのポイントブルー

EYE　　EYE　　LIP

まつ毛の目尻側1cm幅だけに塗った、さりげない青のマスカラが主役のメイクです。まぶた上下には青と相性のよいモーヴカラーのアイシャドウをON。寒色の温度感を上げ、肌浮きせず顔の印象を明るく見せてくれます。

Front

How to

1. cの1のモーヴカラーをチップに取り、上まぶたのアイホール＆下まぶた全体にのせる。青みピンク系のアイシャドウは青メイクと相性がよいのでおすすめ。

2. アイラインは引かないので、ラメでメリハリ感をプラス。cの2のラメを指に取り、上まぶたの黒目上にポンとのせる。ラメの輝き効果で、まぶたを立体的に。

3. 上まつ毛をアイラッシュカーラーでカールアップ。その後、上まつ毛の目尻側にのみaの青マスカラを塗る。部分的なのでカラーマスカラ初心者の人も挑戦しやすい。

4. bを唇全体に塗りなじませる。青はミニマムでも主張が強いので、シアーな発色のリップで顔印象を軽やかに。程よくくすみがかった青みピンクで大人っぽく。

[map]

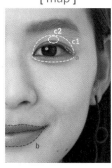

[point]

ブルーマスカラは目尻のみON

主張の強い青マスカラは、まつ毛全体に塗ってしまうとポップすぎる場合も。上まつ毛の目尻のみで品よく主張。

[items]

a エナメルコート カラーマスカラ 003（オンライン限定品）¥1650／リンメル
b アナ スイ ルージュ 301 ¥3850／アナ スイ コスメティックス　c キャンメイク パーフェクトスタイリストアイズ 26 ¥858／井田ラボラトリーズ

Special

シルバーラメと組み合わせて涼やかに青を盛る

EYEBROW　EYE　LIP

まつ毛だけではなく眉にも青を加えてOK！　凛とした大人っぽい表情になり、顔立ちを引き締めてくれます。目元は青のシャドウを薄く広げ、変形ラインを組み合わせてインパクトを。シルバーラメの光で軽やかさを加えます。

Front

How to

1. グレー系の眉アイテムで、いつもの眉メイクを。aをティッシュオフし、描いた眉の上からサッと色づけ。逆毛は立てず、眉毛の表面だけカラーリング。

2. 上まぶたのアイホール半分程度にcのアイシャドウをのせる。ここはあまり面積を広げないのがコツ。薄く透けて発色するよう、指でサーッと広げる。

3. dのアイライナーで目尻と二重線を繋げるように、"く"を描くようにラインを描く。まつ毛をカールアップした後に、aで上まつ毛の全体を塗る。

4. eのシルバーラメを、下まぶたの目頭から黒目下になじませる。チップに余ったラメを、上まぶたの目尻ラインの上にのせる。リップは唇全体にbを直塗り。

[point]

インパクトを出す
"く"の字ライン

目を閉じても存在感のある上まぶたの目尻の"く"の字ライン。一重さんの場合は、目尻の上下に"く"の字ラインを描く。

眉毛＆まつ毛で
青を盛る！

まつ毛と同じマスカラで眉の表面にも青を添える。盛るといっても、ポイントで軽く発色させるのを心掛けて。

[map]

[items]

a、bはP.41のコスメと同じ。
c ポール ＆ ジョー スパークリング アイカラー 03 ¥2970／ポール ＆ ジョー ボーテ　d アディクション ザ カラーシック アイライナー 07 ¥2750／アディクション ビューティ　e DIDION リキッド グリッター 02 ¥1650／ファッションネット

水色
メイクの
ポイントは…

目元でミニマムに
水色を取り入れて
透明感を UP

清涼感と透明感のある水色は、爽やかさや優しさが溢れるカラー。
どうメイクで入れたらいいのか、
アザっぽく見えてしまいそうと悩む水色推しさんも多いかもしれません。
攻略法は、広い面で入れずミニマムに取り入れること！
ピンクやコーラルなど淡めカラーと合わせると相性◎。
水色は白目をクリアに見せてくれる効果もあるんです。

LIGHT
BLUE

OSHI COLOR ♥ 6

アイシーブルーの服を着して

優しい雰囲気と透明感を表現

EYE　CHEEK　LIP

まぶた中央にポンとのせた水色のアイシャドウがポイントです。水色アイシャドウは、きちんと入れてしまうと古臭い印象になってしまうので、軽くラフに入れるのが正解です。コーラル系のリップを合わせて爽やかに。

Front

How to

1. **a**の1を指に取り、まぶた中央にポンとのせる。面積は広げずにミニマムに入れることが大事！ さらっと入れてほのかに発色させることでラフな印象に。

2. アイライナーは**b**のグレージュ。まぶたの薄いブルーを目立たせるため、アイシャドウをのせた部分は濁らせず、まつ毛の生え際のインラインにだけ引いて。

3. まつ毛をアイラッシュカーラーでカールした後、**c**を上まつ毛に塗る。黒はコントラストが強く、ブラウンだとぼんやりしてしまうため、相性のよい青みブラックを。

4. **d**のチークをブラシに取り、小鼻横から楕円形にON。リップは水色アイシャドウと相性のいいコーラルピンクを。**e**をそのまま唇全体に直塗り。

[point]

淡い水色を
チラ見せさせる

水色シャドウを小指でまぶた中央にポンとのせる。形を整えず、ラフにのせることで、程よい存在感に。

[map]

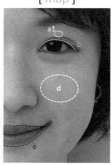

[items]

a ポール & ジョー アイカラー デュオ 05 ¥4400（セット価格）／ポール & ジョー ボーテ　b ヴィセ リシェ ブラウンズ クリーミィペンシル BR303 ¥1045（編集部調べ）／コーセー　c フジコ 麗し マスカラ 01 ¥1650／かならぼ　d リリミュウ ヴェールグロウチーク 03 ¥1980／コージー本舗 e ヴィセ ニュアンス マット ルージュ PK840 ¥1540（編集部調べ）／コーセー

遊びをきかせた点々ラインで推し水色を愛んで

EYE　CHEEK　LIP

ポイントは目頭と目尻と下まぶた中央に入れた水色ライン。点のように入れて抜け感＆存在感を出します。さらにまぶたに水色のラメを仕込んで、まばたきのたびに可愛く！　ブルーチークを重ねて、肌の透明感を上のせします。

Front

How to

1. アイホールよりやや狭めに**a**の1をブラシで薄く広げる。さらに**e**のラメを指に取り、まぶたの中央に重ねる。下まぶたの目頭から黒目までのキワにも、**e**をON。

2. **b**で上まぶたのインラインを引く。まつ毛をカールアップした後、**c**を上まつ毛のみに塗って。アイラインもまつ毛もニュアンスカラーで程よく引き締め。

3. 上まぶたの目頭、目尻の三角ゾーン、下まぶたの中央に太めに**f**の水色アイライナーでラインを短めに引く。まぶたを閉じたとき、開いたときで印象が変化。

4. チークは**d**をブラシに取り、小鼻横から楕円型に入れる。その上から広めに**g**をブラシで重ねて透明感を後押し。リップはマットなくすみピンクの**h**を唇全体に直塗り。

[point]

飛び飛びに入れる
水色ライン

上まぶたの目頭のキワ、目尻の三角ゾーン、黒目下にだけ水色ラインを繋げずに引く。洒落感とともに、白目をクリアに。

血色チークの上に
透明感の水色を足す

肌なじみのいいコーラルピンクのチークを入れてから、水色のチークを広めに重ねる。程よく肌の透明感を底上げする。

[map]

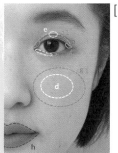

[items]

a　b　c　d　e　f　g　h

a〜dはP.47のコスメと同じ。
e スナイデル アクアジェム グロウ 02 ¥3080／スナイデル ビューティ　**f** DIDION スムース カラー アイライナー 04 ¥1540／ファッションネット　**g** エクセル シームレストーン ブラッシュ SB01 ¥1650／常盤薬品工業　**h** CLIO シフォン ムード リップ 01 ¥2640／クリオ

PURPLE

OSHI COLOR ♥ 7

紫色
メイクの
ポイントは…

赤紫を中心に組み合わせた
ほんのり血色感で
繊細さと色っぽさをまとう

メイクで使うと繊細さや透明感、色気までも引き出してくれる紫。
デイリー使いしやすい紫ですが、
紫推しさんに意識してほしいのは青み系で揃えないこと。
ワントーンで揃えやすい色ですが、青み系の紫で
揃えてしまうと顔色を暗く見せてしまう場合もあります。
赤み紫やピンクも使い血色感を取り入れるのがおすすめです。

オフィスにもマッチ♪
儚げ感が尊いパープル

EYEBROW　　EYE　　LIP

青み系パープルのアイラインが映える、全体に紫を入れたワントーンメイクです。長めラインはハネ上げず、真っすぐ引くことでデイリー仕様に。さらにリップはクリア系のグロスで、推し紫の透明感と儚い印象を作ります。

Front

How to

1. アイブロウもほのかにパープルを感じさせるイメージで。ブラシを使い、**a**の1で眉全体のベースを描く。さらに**a**の1と2をブレンドし、上からふんわりとカラーリング。

2. アイシャドウブラシに**b**の1を多めに、**b**の2とブレンド。上まぶたのアイホール＆下まぶた全体にON。紫でまぶた全体のくすみを飛ばす効果も。

3. **c**で目頭側はまつ毛の下にラインを入れ、目尻に向かってだんだんと太めにし、目尻は真っすぐラインを引く。まつ毛をカールアップした後、上まつ毛に**d**を塗る。

4. **e**を指に取って頬の高い位置に広げ、ハイライト効果で透明感とほんのり血色を添える。唇全体にはたっぷりと**f**を塗り広げる。ツヤ感でボリュームUP。

[map]

a1 → a1+a2

b1+b2

c

e

f

[point]

**ラインは目を開けて
真っすぐに引く**

目尻のラインは目を開けた状態で目の形に合わせ、スッと引き抜くと強くなりすぎない。真っすぐに1cm程度引いて。

[items]

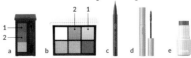

2 1

1
2

a   b   c   d   e   f

a インディケイト アイブロウパウダー 03 ¥3850／セルヴォーク　**b** スナイデル アイデザイナー 04 ¥6380／スナイデル ビューティ　**c** ヴィセ リシェ カラーインパクト リキッドライナー PU140 ¥1100（編集部調べ）／コーセー　**d** OPERA カラーリングマスカラ 01 ¥1650／イミュ　**e** ファシオ マルチフェイス スティック 20 ¥990（編集部調べ）／コーセー　**f** ジルスチュアート クリスタルブルーム リップブーケ セラム 01 ¥3740／ジルスチュアート　ビューティ

大胆に紫推しするなら淡ライラックで大人ピュアに

EYEBROW	EYE	LIP

全パーツで推しの紫を楽しむメイク。広めに入れたアイシャドウ×同系色の繊細ラメがポイントです。紫の中でも淡いトーンのライラックパープルを中心にまとめることでケバくならず、透明感やアンニュイなムードを後押し。

Front

How to

1. ブラシを使い、**a**の1で眉全体のベースを描き、**a**の1と2をブレンドして上から重ねる。さらに**f**で逆毛を立てながら2度塗りし、眉をしっかりカラーリング。

2. **b**の1と2を上下のまぶたに。さらに細チップに**b**の1と3を取り、上まぶたのキワにラインを引く。上まぶたの中央に**b**の4をぼかしてON。

3. 下まぶたの目頭1/2のキワに**g**でラメラインを。まつ毛の隙間を埋めるイメージで、**c**でラインを引く。まつ毛をカールアップ後に**d**のマスカラを上下まつ毛に。

4. 頬には、ハイライト&チーク効果を併せ持つ**e**を指に取り、頬の高い位置にトントンとのせる。唇全体にはたっぷりと**h**を塗る。ほのかな透け感がメイクを軽やかに。

[point]

**ラメラインで
クリアに華やかに**

下の目頭～黒目のスタート部分の下まで、細くラメラインを引く。レフ板効果で瞳の印象を明るく、華やかに見せる。

**立体感を生む
ラメシャドウ**

アイホールの中央にラメをポンとのせる。まぶたの丸みが立体的になり、メリハリ感のある目元に仕上がる。

[map]

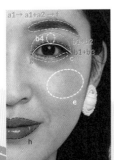

a1→ a1+a2 →f
b4
b1+b2
b1+b3
e
h

[items]

2 1

4 3

a b c d e f g h

a～eはP.53のコスメと同じ。
f ケイト 3Dアイブロウカラー PU-1 ¥935（編集部調べ）／カネボウ化粧品
g ジルスチュアート アイダイヤモンド グリマー 02 ¥2750／ジルスチュアート ビューティ **h** ローラ メルシエ リップグラッセ ハイドレーティング バームグロス 210 ¥3520／ローラ メルシエ ジャパン

PINK

OSHI COLOR ♥ 8

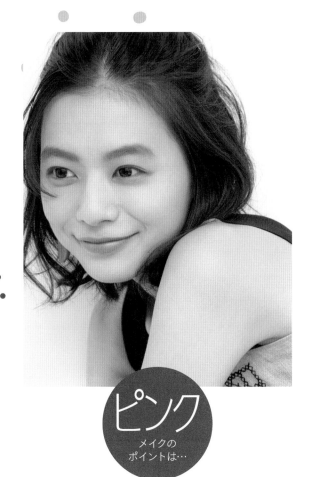

ピンク
メイクの
ポイントは…

推しは天使ですが、私は
大人っぽさと甘さを計算して
余裕のあるムードに

究極のキュートさでアイドル性抜群なピンク♡
「大人だとしっかりピンクメイクに挑戦しにくい」
と感じているピンク推しさんでも大丈夫！
組み合わせ次第で大人っぽさも甘さも引き出すことができます。
ただし、おしゃれに見せたいなら、ピンクを"前に出しすぎない"
こと。余裕のあるムードで上品さを演出します。

気取らないくすみ色で大人でも推しピンクを堪能

EYE CHEEK LIP

ピンクは甘く思われがちだけど、くすみピンクで統一すれば、甘さよりも洒落感が際立つ印象になります。くすみ色のシャドウは広く入れないのがポイント。単色シャドウで軽さを出しつつ、ラインで引き締めて奥行きをプラス。

Front

How to

1. **a**の1のくすみがかった淡いピンクをチョイス。まぶた上下に幅狭くシャドウを塗る。上まぶたのキワには、細チップで重ね塗り。さりげなく陰影を。

2. **b**を使い、まつ毛の隙間を埋めるイメージでラインを引く。アイシャドウと同系色を選ぶことで、柔らかく目元印象を引き締める。まつ毛はあえてのマスカラレスに。

3. チークもくすみ系の**c**の1を中心に。ブラシに混ぜ取り、頬に沿って斜め上に上げるようにのせて甘さをセーブ。リップは**d**を唇全体にラフに直塗りする。

[point]

同系色を重ねて
メリハリを作る

アイシャドウは濃淡コントラストでさりげなくメリハリを。入れる幅を狭くすることで腫れぼったさも回避する。

[map]

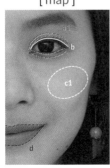

[items]

a   b   c   d

a Laka ミドルトーンアイシャドウパレット Summer ¥3850／アリエルトレーディング　**b** アイエディション（ジェルライナー）14 ¥1320／エテュセ
c キャンメイク グロウフルールチークス B02 ¥880／井田ラボラトリーズ
d フィクシングティントバー モーヴピンク ¥1760／エチュード（アモーレパシフィックジャパン）

スペシャル

Special

濃淡のコントラストで魅せる洗練ピンク

EYEBROW	EYE	LIP

眉と目元、チークもリップもALLピンク！　それでもくどくならない秘密は、彩度の高いピンクは1つに絞ること。そして黒などの重たい色と合わせないことです。軽やかにまとまり、甘さも控えめにピンクに楽しめます。

Front

How to

1. 眉は逆毛を立てながらcを使ってしっかりとカラーリング。柔らかなブラシにaの4のピンクを取り、眉毛自体に被せるようにトントンとのせていく。

2. ブラシにaの1と2のピンクのアイシャドウを混ぜ取り、アイホール全体に広げる。下まぶた全体にはaの3のくすみ色をブラシで広げて軽い発色に。

3. インラインにはb、目のキワ全体にはdを引く。頬の高い位置から楕円形にeのチークを。ブラシではなく、指先ですり込むように入れると、ふんわり発色に。

4. 唇全体にはfのピンクのグロスをたっぷりと。透けるカラーの効果で、唇をぽってりとボリューミーに見せながら、全体に抜け感を与えてくれる。

[point]

ふわっと小さく軽やかなチーク

チークは小さめの楕円形をイメージして指先ですり込むようにON。すり込むことでふわっと軽やかな発色に。

アイシャドウを眉に後のせ

ピンクのアイシャドウをアイブロウパウダー代わりに。アイブロウマスカラの後に重ねることで、発色UP！

[map]

c → a4
a1+a2
d
a3
e
f

[items]

1　2
a　3 4　b　c　d　e　f

a、bはP.59のコスメと同じ。
c ジルスチュアート ムースブロウマスカラ 08 ¥2420／ジルスチュアート ビューティ　d DIDION スムース カラー アイライナー 01 ¥1540／ファッションネット　e ヴィセ リシェ フォギーオン チークス N PK822 ¥1650（編集部調べ）／コーセー　f ジルスチュアート クリスタルブルーム リップブーケ セラム 02 ¥3740／ジルスチュアート　ビューティ

BROWN

OSHI COLOR ♥ 9

茶色
メイクの
ポイントは…

ALL 赤みブラウンで

絶妙な甘さを加え

イベントでも映えさせる

アースカラーでほっこりした雰囲気のブラウン。
なじみやすい色なので、特別感を出して
ブラウン推しをアピールしたい日は、ALL ブラウンの盛りメイクを！
顔色を沈ませる場合があるので、赤茶系で揃えることで
程よく甘い表情に。マットやラメなど異なる質感で
コントラストをつけるのが特別感を出すポイントです。

チョコのように可愛い推しブラウンにキュン♡

EYE　CHEEK　LIP

赤みブラウンで揃えたワントーンの"チョコメイク"。目元はマットやラメの異なる質感でメリハリを作り、深みのある眼差しに仕上げます。チークは鼻筋部分にものせて日焼け風で遊びを。赤みブラウンと相まって、さらに"加糖"！

Front

How to

1. 上まぶた広めにaの1を広げ、二重幅よりやや広めにaの2と3を混ぜて塗る。同じ色を下まぶたの目頭1/3と目尻1/3に塗り、まずはマットシャドウで陰影を作る。

2. aの4のラメを平筆に取り、下まぶたの中央のキワに。黒目の印象を強めながら、輝きをサポート。筆に残ったラメを上まぶたの二重幅にのせる。

3. bで上まつ毛の隙間を埋めるようにラインを引く。目尻ラインはハネ上げず引き抜き、タレ目な印象に。ラインはぼかさないでOK。まつ毛上下にはcを。

4. dをブラシに取り、小鼻横から楕円形にチークをのせる。ブラシに余ったものを横長の形で鼻筋にものせ"日焼け"風に。リップはeを唇全体に広げる。

[point]

**目幅を拡大する
黒目下ラメ**

ゴールドラメを黒目下にON。これで両サイドをブラウンで締めていても重たくならず、目幅をさりげなく拡大！

**セパレートチークで
ナチュラル仕立てに**

ブラシに余ったチークを鼻筋に入れ、"日焼け"風チークに。頬と鼻筋チークは繋げずミニマムに入れて。

[map]

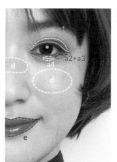

a2+a3

d

d4

d

e

[items]

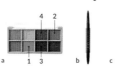

4 2

a 1 3 b c d e

a ラッスルアイシャドウパレット 01 ¥3630／Flynn **b** ミネラルスマッジアイライナー 02 ¥3300／MiMC **c** シピシピ ラッシュフルール 01 ¥1320／Rainmakers **d** スナイデル パウダーブラッシュ 10 ¥3630、**e** 同 ピュア リップ ティント 04 ¥2970／ともにスナイデル ビューティ

WHITE
GRAY
BLACK

OSHI COLOR ♡ 10-12

モノトーン

メイクの
ポイントは…

目元で強い存在感を
楽しみつつ
血色を足して柔らかに

白は気品やピュアさ、黒やグレーはスタイリッシュさをまとうカラー。
存在感のある推しのようなモノトーンのメイクでは、
ブラウン系ではなく、黒やグレーのマスカラやアイライナーを
組み合わせてコントラストを楽しみましょう！
ただし、血色不足や強さが目立ちやすくなるため、
ピンクを足して、程よく印象を和らげます。

気高くピュアな推しさ思わせる純白パール

EYE　EYE　LIP

パールラメをプラスして透明感を際立たせた白が主役のメイクです。リップにはピンクのグロスを選ぶことで、ピュアな雰囲気もアシスト。アイライナーやマスカラは黒を選ぶことで、白とのコントラストが際立ちます。

Front

How to

1. aの1を指に取り、目を開けたときに見える上まぶたの中央に。下まぶたにもさらっとaの1を。見る角度で印象が変わる偏光パールでピュアな印象に。

2. bのペンシルアイライナーで黒目下のまつ毛の生え際に白いインラインを黒目幅で引く。さらに目頭に上と下を繋げるように"く"の字のラインを短く引く。

3. アイライナーは黒のリキッドをチョイス。黒目上から目尻にアイラインを引き、白とのコントラストを際立たせる。マスカラもアイライン同様、黒を選んで。

4. リップは柔らかなベージュピンクを。cでリップの輪郭を描き、dを唇全体になじませる。白メイク特有の涼しげな雰囲気に、程よく温度感と甘さを加えてくれる。

[point]

目を開けたときに見える部分に輝きを

まぶた中央に、パールラメをON。目を開けたときに見える位置に置く。ラメを指でチョンチョンとなじませて。

ポイントを絞った白ライン

黒目下のインライン&目頭上下に"く"の字に白ラインを描く。2つを繋げないことで大人っぽく、かつメリハリが出る。

[map]

[items]

a プレイカラーアイズ ミニオブジェ ラベンダーポプリ ¥1980／エチュード（アモーレパシフィックジャパン）b ヴィセ アヴァン リップ&アイカラー ペンシル 001 ¥1320（編集部調べ）／コーセー c b idol 1moreペンシルR リップシェイプ 01 ¥1430／かならぼ d AMUSE デューベルベット 01 ¥2200／インターナショナルコスメティックス

推し色で洒落感たっぷりな抜け感グレーの囲みアイ

EYE　EYE　CHEEK & LIP

強い印象になる囲み目メイクで、グレーをしっかりアピール。グレー系でまとめることで軽やかに、おしゃれにキマリます。アイシャドウやアイラインなど、色や質感を変えるとより重さ軽減。血色は青みピンクで程よく加えます。

Front

How to

1. **a**のクリームアイシャドウを指で取り、上まぶたのアイホール＆下まぶた全体になじませる。抜け感を出すため、アイシャドウはシアーな発色のものをチョイス。

2. **b**のアイライナーで、上まぶたから下まぶたをぐるりと囲む。柔らかなシルバーなので、囲み目メイクでも抜け感が叶う。白目の透明感もさりげなくUP!

3. カールアップ後、**c**のマスカラを上下のまつ毛に塗る。アイシャドウがシアー質感、アイライナーがシルバー、マスカラはチャコールグレーでニュアンスをチェンジ。

4. **d**を頬＆唇に置いて統一感と血色感を出す。唇には直接チップで全体にON。チークは頬の高い位置にチップでのせ、指で広げるようにぼかす。

[point]

グレーペンシルで上下のキワを囲む

上下を囲むようにアイライナーで目のキワにラインを。下まぶたはまつ毛の隙間を埋めるぐらいギリギリに引く。

アイシャドウを指でなじませる

アイシャドウを指に取り、目のキワ〜アイホールに広げる。ワイパーのように薄く広く塗り広げるのがポイント。

[map]

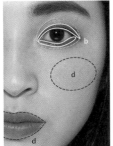

[items]

a &be クリームアイシャドウ グレイッシュブラウン ¥1980／Clue　b DIDION スムース カラー アイライナー 08 ¥1540／ファッションネット　c スナイデル ディファイニングマスカラ 07 ¥3080／スナイデル ビューティ　d ジルスチュアート ブルームドロップ リップ＆チーク シフォン 07 ¥3300／ジルスチュアート ビューティ

囲みきらない黒ラインで程よく強さをプラス

EYEBROW　　EYE　　LIP

072

重く強くなりやすい黒は、"囲みきらない"シャドウラインで抜け感を出すのがポイント。上下のラインを繋げないので、瞳印象を狭めてしまうこともありません。ポップなピンクリップを合わせ、程よくラフにするのがおすすめ！

Front

How to

1. いつもの眉メイクをした後に、aのアイブロウマスカラを眉全体に。マスカラで逆毛を立ててしまうと重たく見えてしまうので、表面のみサラリとシアーな黒に色づけ。

2. bのアイシャドウを上まぶたのアイホールに。目のキワが濃く、上に向かってだんだんと淡くグラデーションになるようになじませる。アイホール上部は指でぼかす。

3. 細めの筆or細チップにbを取り、上まぶたの目尻にシャドウでラインを引く。下まぶたはキワに目頭から真っすぐラインを引く。上下ラインは繋げない。

4. まつ毛には眉と同じaの眉マスカラを塗る。リップはcを唇全体に直塗り。黒メイク×赤は強くなりすぎてしまうので、ポップなピンクでカジュアルダウン。

[point]

アイシャドウで柔らかなライン

● 目尻のシャドウラインは上下を繋げず、囲みきらないのがポイント。下のラインは真っすぐにすると目幅も広げる。

マスカラは眉表面にサラリ

まつ毛だけでなく眉毛全体にも黒マスカラを。ナチュラルな眉毛の主張で目元の印象がより強まる。

[map]

[items]

a スウィーツ スウィーツ ブロウキープマスカラ 01 ¥770／シャンティ　b ヴィセ アヴァン シングルアイカラー 027 ¥880（編集部調べ）／コーセー　c ルージュ スナイデル 09 ¥3080／スナイデル ビューティ

All Under ¥1980
で集めやすい
プチプラカラーコスメ集

複数の推しがいていろんな色のコスメを集めたい人や、カラーメイク初心者に
優しい価格のコスメをまとめてみました！　冒険色でもトライしやすい♪

❤ *Red* ❤
【赤】

MAJOLICA MAJORCA

SHADOW

MAYBELLINE

WHOMEE

CANMAKE
TOKYO
Cream Cheek

Ⓒ 大人めバーガンディ

sopo

しっかりまつ毛をリフト

Ⓑ

粘膜のような色っぽさ

WHOMEE

IGARI

Ⓔ

Ⓐ 華やか発色

Ⓓ 軽やかな血色感

Ⓐマジョリカ マジョルカ シャドーカスタマイズ RD303 ¥550／資生堂 Ⓑメイベリン ス
カイハイ 3 ¥1639／メイベリン ニューヨーク Ⓒsopo リキッドアイライナー 03 ¥990／
NOIN Ⓓキャンメイク クリームチーク（パールタイプ）P02 ¥638／井田ラボラトリーズ
Ⓔフーミー ヌメリップ パメラレッド ¥1430／Nuzzle

推し色に染まるカラーメイク

ALL UNDER ¥1980
COLOR COSMETICS COLLECTION

RED / **ORANGE** / YELLOW / GREEN / BLUE / LIGHT BLUE / PURPLE / PINK / BROWN / GRAY / WHITE / BLACK / RECOMMEND

Orange
【 オレンジ 】

ミネラル100%

ONLY MINERALS

Ⓐ

リップもアイメイクも

ILLUMINATED GOLD

uneven

Ⓒ

ORBIS

Ⓑ

ORBIS

程よい血色

A'pieu

明るいツヤ感のティント

REVLON

見たまま発色ネイル

REVLON

ULTRA HD SNAP!

Ⓔ

APIEU

Ⓓ

Ⓐオンリーミネラル ミネラルピグメント サードオニキス ¥1980／ヤーマン Ⓑナチュラル フィットチーク コーラル ¥1100／オルビス Ⓒアニヴェン マルチスティック イルミネーテッド ゴールド ¥1650／レザボア Ⓓアピュー ジューシーパン ティント CR07 ¥1210／ミシャ ジャパン Ⓔウルトラ HD スナップ！ 007 ¥1100／レブロン

BLEND BERRY

B

マスタードカラーのラインに

♥ *Yellow* ♥

【 黄色 】

excel

WHOMEE

C

A

アイシャドウにもOK

肌なじみ◎

D

E

RIMMEL

ニュアンスイエローのリップ

まつ毛ケアにも

Borica

Ⓐフーミー マルチアイブロウパウダー ゴールデングロウ ¥1980／Nuzzle Ⓑブレンドベリー プレイフル リキッドアイライナー M 054 ¥1430／コーセーコスメポート Ⓒエクセル アイプランナー R 06 ¥990／常盤薬品工業 ⒹBorica 美容液カラーマスカラ 102 ¥1760／T-Garden Ⓔラスティング フィニッシュ オイルモイスト ティント S 009 ¥1760／リンメル

ALL UNDER ¥1980
COLOR COSMETICS COLLECTION

RED / ORANGE / **YELLOW** / **GREEN** / BLUE / LIGHT BLUE / PURPLE / PINK / BROWN / GRAY / WHITE / BLACK / RECOMMEND

♥ *Green* ♥
【緑】

深みのあるオリーブカラー

SWEETS SWEETS

下まぶた用の赤み補正シャドウ

Ⓑ

ettusais

Ⓐ

sōpō

レトロなグリーン

Ⓔ

UZU MOTE MASCARA

UZU

澄んだ黒目印象に

Ⓓ

Borica

メタリックなエメラルド

Ⓒ

Ⓐスウィーツ スウィーツ アンダーアイズプロテクター 01 ¥1100／シャンティ Ⓑアイエ
ディション（カラーパレット）05 ¥1540／エテュセ ⒸBorica 美容液カラーライナー 103
¥1650／T -Garden ⒹMOTE MASCARA KHAKI ¥1980／UZU BY FLOWFUSHI Ⓔsopo ネ
イルポリッシュ 02（限定）¥550／NOIN

Ⓐ Visée

とろける描き心地

透明感をプラス

Ⓑ KATE

Ⓒ ETUDE

Look at my ey

締め色ディープブルー

ネイビーブラックなまつ毛に

ANNA SUI

上品なブルーのネイル

Ⓓ

FASIO Ⓔ

Ⓐヴィセ リシェ グロッシーリッチ アイズ N BL-8 ¥1320（編集部調べ）コーセー Ⓑケイト レアフィットジェルペンシルN BU-2 ¥1210（編集部調べ）／カネボウ化粧品 Ⓒルックアット マイアイズ BL607 ¥506／エチュード（アモーレパシフィックジャパン）Ⓓアナ スイ ネイルカラー 107 ¥1980／アナ スイ コスメティックス Ⓔファシオ パーマネントカール ケア マスカラ 01 ¥1320（編集部調べ）／コーセー

ALL UNDER ¥1980
COLOR COSMETICS COLLECTION

RED / ORANGE / YELLOW / GREEN / **BLUE** / **LIGHT BLUE** / PURPLE / PINK / BROWN / GRAY / WHITE / BLACK / RECOMMEND

♥ *Light blue* ♥

【水色】

uneven

春先の雪をイメージ

宝石のような輝き

唇のくすみをオフ

雲ひとつない空の色のよう

きめ細かな繊細アイシャドウ

Visée

CANMAKE

CEZANNE

Ⓐヴィセ リシェ ジェミィリッチアイズ BL-5 ¥1320（編集部調べ）／コーセー Ⓑアニヴェン カラーリングソフトアイライナー ソー ¥1540／レザボア Ⓒマリークゥント リップ チャット 04 ¥1650／マリークゥントコスメチックス Ⓓセザンヌ シングル カラーアイシャドウ 07 ¥440／セザンヌ化粧品 Ⓔキャンメイク カラフルネイルズ N82 ¥396／井田ラボラトリーズ

CandyDoll

MAYBELLINE NEW YORK

くすみパープルで魅せる

唇のツヤ足しに

ⓒ

ⓑ

Purple
【紫】

ヴィンテージ感のある色味

REVLON

ⓐ

CEZANNE

ⓔ

ⓓ

シャーベットのようなラメ感

BLEND BERRY

CEZANNE
Nuancer
Pearl Glow Nuance

イノセントな肌感に

Ⓐカラーステイ デイ トゥ ナイト アイシャドウ クアッド 575 ¥1430／レブロン Ⓑウルトラカラー アイライナー PU-1 ¥1749／メイベリン ニューヨーク Ⓒキャンディドール ケアグロス 101 ¥1430／T-Garden Ⓓブレンドベリー プリズムシャイングリッター 007 ¥1430／コーセーコスメポート Ⓔセザンヌ パールグロウニュアンサー N2 ¥660／セザンヌ化粧品

CHAPTER
1

推し色に染まるカラーメイク

ALL UNDER ¥1980
COLOR COSMETICS COLLECTION

RED / ORANGE / YELLOW / GREEN / BLUE / LIGHT BLUE / **PURPLE** / **PINK** / BROWN / GRAY / WHITE / BLACK / RECOMMEND

♥ *Pink* ♥
【 ピンク 】

WHOMEE

PHOEBE BEAUTY UP

Ⓑ

CANMAKE

ほんのりピンク眉

Ⓐ

絶妙なくすみピンクのグラデ

Ⓒ

光を集めて潤んだ瞳を演出

Laka

Ⓔ

ぽってり唇に

ラベンダーピンクのツヤを

Ⓓ

rom&nd

Ⓐフーミー アイシャドウパレット ピンクピンク ¥1980／Nuzzle Ⓑキャンメイク ミック
スアイブロウカラー C01 ¥660／井田ラボラトリーズ ⒸPHOEBE BEAUTY UP マルチグ
リッター ローズピンク ¥1540／DINETTE Ⓓrom&nd シースルー ヴェールライター 02
¥1430／韓国高麗人蔘社 ⒺLaka フルーティーグラムティント 119 ¥1980／アリエルトレ
ーディング

♥ *Brown* ♥

【茶色】

RIMMEL

D-UP SILKY LIQUID EYELINER

Love Liner ALL LASH MASK LONG&SEPARATE

驚くほどロングまつ毛へ

Love Liner

まろやかカラー

深みのある目元に Ⓐ

Ⓒ

Ⓑ

CEZANNE

メリハリ感のある顔立ちに

BLEND BERRY

シロップのようなモカブラウン

Ⓔ

Ⓓ

Ⓐショコラスウィート アイズ 021 ¥1760／リンメル　Ⓑラブ・ライナー オールラッシュ マスク ロング＆セパレート ブラウンブラック ¥1760／msh Ⓒディーアップ シルキーリ キッドアイライナー WP ミルクカプチーノ ¥1430／ディー・アップ Ⓓブレンドベリー ジ ューシィリップデュウ 004 ¥1650／コーセーコスメポート Ⓔセザンヌ チークブラッシュ 02 ¥550／セザンヌ化粧品

gray
【グレー】

B ETUDE
シルバーのグリッター

C
洒落感のアッシュグレー
rom&nd

CHIFURE
グレー系のメリハリEYE

A

NAIL HOLIC
品のある色味

D 3650
お湯オフ可能なライナー

E

Ⓐちふれ グラデーション アイシャドウ 06 ¥693／ちふれ化粧品 Ⓑシャインフィックス アイズグリッター ミスティックコスモ ¥1290／エチュード（アモーレパシフィックジャパン）Ⓒrom&nd ハンオールフィックスマスカラ L02 ¥1430／韓国高麗人蔘社 Ⓓ3650 リキッドアイライナー グレー ¥1650／D-Neeコスメティック Ⓔネイルホリック GY009 ¥330（編集部調べ）／コーセー

White
【白】

WHOMEE

CEZANNE

COFFRET D'OR

ELEGANCE RAZZLE

rom&nd

Ⓐ

Ⓑ

Ⓒ

Ⓓ

Ⓔ

下まぶたのインラインに

多色ラメがIN

ベースとしても使える

潤んだ唇を演出

オーロラホワイトのネイル

Ⓐコフレドール　３Ｄトランスカラーアイ＆フェイス WT-10 ¥1760（編集部調べ）／カネボウ化粧品 Ⓑセザンヌ グロウリキッドライナー 10 ¥638／セザンヌ化粧品 Ⓒフーミー キララメライナー ラメホワイト ¥1200／Nuzzle Ⓓrom&nd グラスティングウォーターグロス 00 ¥1210／韓国高麗人蔘社 Ⓔエレガンス ラズル エナメルラッカー 03 ¥1320／エレガンス コスメティックス

ALL UNDER ¥1980
COLOR COSMETICS COLLECTION

RED / ORANGE / YELLOW / GREEN / BLUE / LIGHT BLUE / PURPLE / PINK / BROWN / GRAY / **WHITE** / **BLACK** / RECOMMEND

♥ *Black* ♥
【黒】

&be

瞳のフレームを強化

Visée AVANT ©

Sally Hansen

ツヤあり黒ネイル

Ⓐ

Ⓑ

漆黒アイシャドウ

MAJOLICA MAJORCA

Ⓔ

重ねてリップのカラーチェンジにも

MAYBELLINE

Ⓓ

極細0.01mmのブラシ

Ⓐサリーハンセン インスタドライ ネイルカラー 573 ¥715／Coty Ⓑ&be マスカラ ブラック ¥1540／Clue ©ヴィセ アヴァン シングルアイカラー 017 ¥880（編集部調べ）／コーセー Ⓓハイパーシャープ ライナー R BK-1 ¥1419／メイベリン ニューヨーク Ⓔマジョリカ マジョルカ ピュア・ピュア・キッス NEO 96 ¥880（編集部調べ）／資生堂

＼ 劇団雌猫のお気に入り ／
プチプラカラーコスメ

Recommend

ひらりさ

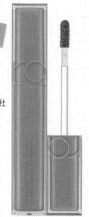

rom&nd
デュイフル
ウォーターティント

12 ¥1320/ 韓国高麗人蔘社

このところ年相応(?)の
落ち着いたリップばかり
使っていた私を高発色テ
ィント沼へと引き戻した
1本。大人にも似合う上
品で自然なツヤ感で、
30代の肌でも浮かない
のがありがたい。

かん

ヴィセ アヴァン
シングルアイカラー

009、029 各 ¥880(編集部調べ) / コーセー

カラーコスメが欲しくなるのは突発的、でもす
ぐ飽きちゃうリスクもあるので、ドラコスが
最高。量も少なめで、普段使いしにくい色味も
試しやすいのでラブです。

ユッケ

ちふれ
アイブロー パウダー

PK10 ¥770/ ちふれ化粧品

眉毛をピンクにすると一気に垢抜ける気がする
ので、気分転換したい日に使います。はっきり
した色味のピンクが入っていて可愛い！

もぐもぐ

söpö
カラーマスカラ

06 ¥935/NOIN

ファミリーマートで買え
るコスメの「ソポ」。絶妙
なおしゃれカラーで選ぶ
のが楽しい。普段使わな
い色を試しやすい価格も
◎。限定色もいつもトレ
ンド感あってほしくなる！

推し2人の色も、
チーム＆個人色も仕込める♡

目元で楽しむ
"コンビカラーメイク"

好きなコンビや、グループカラーとメンバーカラーなどの2色使いも
メイクで楽しみたい！　そんなあなたのため、2色レシピを教えます。

淡い色同士や類似色はアイシャドウを2層にする

淡いカラーのコンビは、2色のテンションを
変えて入れるのがコツ。写真のメイクは、水
色をアイホール上部にふんわりと、ピンクは
ライン状にして重ねずに入れています。発色
に強弱をつけることでまとまり感UP。

反対色や強い色同士は
目尻ラインで遊ぶ

反対色は目尻に２色のWラインを引いてポップに転ばせるのがポイント。例えば、赤と青のヴィヴィッドカラーのWラインの場合は、二重のライン側には赤、目尻のキワには青を1cm未満で引く。短くても存在感は抜群！

淡い色はまぶた、強い色はまつ毛の
マスカラとシャドウで取り入れる

2色を一番取り入れやすいのは、アイシャドウ×マスカラの組み合わせ。まぶたに薄くイエローのシャドウを広げ、緑のマスカラを上まつ毛の目尻のみに塗るとこんな感じ。このミニマムさが子どもっぽくならないコツ。

＃推し活メイク

CHAPTER

2

推し活シーンの
勝負メイク

Oshi-katsu Scene

推し活のとき、いつも同じメイクをしていませんか？

どんなシーンなのかを意識してメイクを考えると、

推しの前でももっと素敵にメイクがキマります。

推しが
目の前に…！

ドキ

ドキ

01

対面イベント

Meet & Greet

対面イベントは…

近くで見てもキレイな
ツヤ肌メイク

推しが実在する…
大優勝です！

握手会やお渡し会など、推しと近距離で
接近する超重要イベントには
ナチュラルに盛るメイクを。
"メイクしてます"感ではなく、
素からキレイな印象を目指したい！
下地やファンデーションで
ツヤをしっかり仕込むことで
表情が動くたびに発光するような肌へ。
推しに"ナチュラルだけどキレイな人"
と思われちゃったら幸せ……！

How to Make - Up

ファンデーションは
叩き込んでツヤを活かす

bをスポンジに取り、生え際や輪郭以外の顔中心に軽く叩き込んでいく。肌に垂直に叩き込むのがポイント。小鼻周りも細かく塗布。

ツヤ下地は顔全体へ
スキンケアを塗るように

ツヤ感の出るaの下地をワンプッシュ手に取り、顔全体になじませる。伸ばした後は、ハンドプレスでしっかり密着。

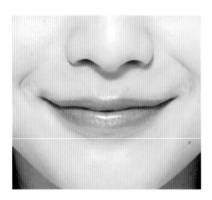

リップは派手すぎない
血色カラー＆ツヤを

素からキレイな印象を狙うため、リップはfのうるツヤ系を仕込んで。唇全体にチップで塗り、上品なツヤピンクの唇に。

チーク＋ツヤ下地で
自然なフレッシュ感を

eを指先に軽く取り、頬の高い位置に叩き込む。その上からaの下地を少量重ねてハイライト使い。自然なツヤ肌に仕上がる。

Meet & Greet

推し活シーンの勝負メイク

ベージュ&ラメで
ナチュラルグラデ盛り

dの1を上下まぶた全体、**d**の2を上まぶたの
キワにライン状に入れる。**c**を上まぶたの中
央&下まぶた全体に重ねてグラデに。

▼

Items

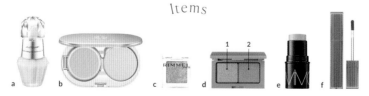

a ジルスチュアート イルミネイティング セラムプライマー UV 01 SPF40・PA+++ 30ml ¥3520／ジルスチュアート
ビューティ　**b** ポール & ジョー ジェル ファンデーション S SPF25・PA++ 全5色 ¥6380（セット価格）／ポール &
ジョー ボーテ　**c** ワンダー キューブ アイシャドウ パール P002 ¥880／リンメル　**d** アイエディション（カラーパレ
ット）04 ¥1540／エテュセ　**e** ミネラルスティックチーク 04 ¥4180／MiMC　**f** rom&nd デュイフルウォーターティ
ント 03 ¥1320／韓国高麗人蔘社

ファンサ
ちょうだい！

☆
キャー！

コンサートは…

汗も涙でも崩さない
鉄壁肌メイク

目が合った…?!
と…尊い…。泣

テンション爆上がりな
推しの晴れ舞台（コンサート）では、
メイクを気にせず、一挙手一投足に
集中するため、崩れないメイクが基本！
ポイントはベースやカラーメイクを
薄くレイヤードしていくこと。
ミルフィーユのような層にすれば、
フィックス力 UP。アイメイクは特に涙や
オペラグラスでパンダ目になりやすいので
潔くラインレス＆透明マスカラが正解！

How to Make - Up

ファンデは薄く3層 & ティッシュで油分オフ

bの1回分の量を3回に分けて薄く重ねる。その後、2枚重ねのティッシュを1枚にし、肌に添えて優しくなでるように油分をオフ（全顔）。

皮脂コントロール下地は 5分置いてなじませる

皮脂崩れを防止するaを顔全体に伸ばしてなじませる。その後すぐにファンデを塗らず、5分程置くことで崩れにくさが格段にUP！

クリアマスカラで パンダ目知らず

アイラッシュカーラーでまつ毛を上げ、dを根本から塗る。さらに最後にホットビューラーでカーブを固定させると長時間キープ。

チーク＆リップは ソフトマットタイプを

持ち運びも便利なマルチコスメでチークとリップは統一感を。eを指に取り頬の高い位置に叩き込み、唇全体も指でトントンと塗る。

推し活シーンの勝負メイク

ライトにも映える
濡れツヤシャドウ

cを上下まぶたに点置きしてから指でアイホール全体に広げる。より目力が欲しいときは黒アイライナーでまつ毛の隙間を埋めて。

▼

Items

a　b　c　d　e

a プリマヴィスタ スキンプロテクトベース〈皮脂くずれ防止〉レギュラー SPF20・PA++ 25ml ¥3080（編集部調べ）／花王　**b** ケイト レアペイントファンデーションN SPF41・PA++++ 全5色 ¥1980（編集部調べ）／カネボウ化粧品（店舗限定品）**c** フジコ シェイクシャドウSV 03 ¥1408／かならぼ　**d** キャンメイク クイックラッシュカーラーER 01 ¥748／井田ラボラトリーズ　**e** ジルスチュアート ブルームドロップ リップ＆チーク シフォン 05 ¥3300／ジルスチュアート　ビューティ

推しを語るのが
楽しすぎる！

わかる〜

♪♫

オフ会は…

写真でも自然に映える
目力＆セミマットメイク

後で一緒に
写真撮ろ？

推し活仲間とのオフ会では
集合写真も撮るので写真映え重視のメイクを。
顔色が悪く見えないよう、
チークやリップで血色足しは絶対。
アイメイクは強くなりすぎないよう、
見える部分はブラウン、インラインは黒と
あざとく使い分けるのがコツ。
ツヤ肌だと写真に写るとテカリに
見えてしまう場合もあるので
パウダー足しでセミマット仕上げに。

How to Make - Up

サイドからチラ見せ
スッキリまとめ髪

えり足でひとつ結びに。さらに毛束部分にも毛先に向かってゴムを巻きつけ、サイドにズラす。利き顔側から見えるようにすると◎。

くるくるパウダーで
フィルターをまとう

普段のファンデの後に**a**のパウダーを大きめブラシに取る。肌に筆を立てるようにして、くるくると磨き上げるようになじませていく。

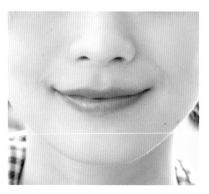

ラインは黒×茶 MIX で
柔らかく目力 UP！

cの黒でまつ毛とまつ毛の隙間を埋める。目尻の見えるところのみに**d**のブラウンでラインを引く。これで目力＆柔らかさを両立！

頬高の血色チークと
食事でも落ちないリップ

eのチークをブラシに取り、頬の高い部分にのせて、ふわっとぼかし広げる。リップは**f**のティントを唇の中央から広げてぽってり唇に。

Offline meet-up

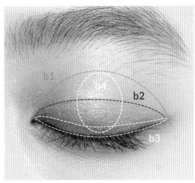

ブラウングラデで
彫り深 EYE に

bの1を上まぶた、**b**の2を二重幅＆下まぶた
に。目のキワは**b**の3、上まぶた中央に**b**の4
を。ナチュラルブラウンなのに目力も十分！

▼

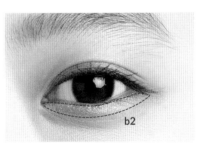

Items

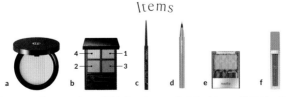

a 江原道 プレストパウダー ¥5720（セット価格）／Koh Gen Do　**b** アディクション ザ アイシャドウパレット 004
¥6820／アディクション ビューティ **c** キャンメイク クリーミータッチライナー 01 ¥715／井田ラボラトリーズ
d デジャヴュ ラスティンファインE ショート筆リキッド コッパーブラウン（バラエティストア限定色）¥1430／イミ
ュ **e** メディア ブライトアップチークS RD-01 ¥880／カネボウ化粧品　**f** リリミュウ センシュアルフィックスティ
ント 01 ¥1870／コージー本舗

オンラインお話し会

画面いっぱいの
推しが尊い…

ドキ
ドキ

♡ ♡

Online Meet & Greet

オンラインお話し会は…

画面越しでも可愛い
メリハリメイク

輝きすぎで
画面がまぶしいよ～！

メイクをばっちりキメたつもりでも、
画面上だとぼんやり見えたり、
顔色が悪く見えたりする場合も。
シェーディング＆ハイライトで
しっかりとメリハリをつけつつ、
眉はピンク系で顔全体に血色をプラス。
ブラウンのアイシャドウ＆インラインで
目元フレームを強化し、
リップは赤みとツヤ足し程度で、柔らかく。
画面越しでも可愛さをアピールしちゃおう！

How to Make - Up

Scene Oshi-katsu Scene
ドキ
04
オンライン
お話し会
ドキ
Oshi-katsu

/ フェイスライン＆ /
眉頭下＆鼻筋に影を

シェーディングは**b**を使ってブラシでフェイス
ラインにのせる。さらに細ブラシを使って、
眉頭下＆鼻先の左右の凹みに影を足す。

/ 目の下三角ゾーンに /
ハイライトでツヤ足し

ベースメイク後、目の下にハイライトをオン。
ブラシに**a**を取り、鼻筋横から外側へ放射状
に広げる。ポイントを絞って光を取り入れる。

/ 浮き毛をブロックし /
キレイ度を上げる

画面越しだと意外と目立つ浮き毛。**g**のヘア
用クリアマスカラで頭頂部の浮き毛や前髪を
なでてしっかりセット。美人力UP！

/ 血色感の眉＆唇で /
顔印象を柔らかに

眉全体を**c**中央のピンクベージュでふんわり
色づけ、足りない部分は右の濃い色で描き
足す。リップは**f**をサッと塗って。

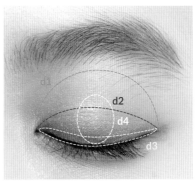

目元印象を強める
ブラウングラデ EYE

dの1をまぶた全体、二重幅にdの2、目のキワにdの3を。まぶた中央にdの4を。下まぶた全体にはdの1と4をMIX。上まつ毛の隙間にeでラインを引き、惹きつける目力を。

▼

Items

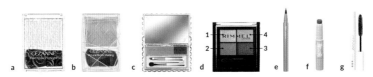

a セザンヌ パールグロウハイライト 01 ¥660、**b** 同 ナチュラルマットシェーディング01 ¥693／セザンヌ化粧品　**c** ジルスチュアート ニュアンスブロウパレット 02 ¥3520／ジルスチュアート　ビューティ　**d** ワンダー エバー アイシャドウ 006 ¥1650／リンメル　**e** デジャヴュ ラスティンファイン ショート筆リキッド ディープブラック ¥1430／イミュ　**f** キャンメイク ステイオンバームルージュ 03 ¥638／井田ラボラトリーズ　**g** セザンヌ ヘアケアマスカラ 00 ¥715／セザンヌ化粧品

推しカラーをまとえば1日中幸せ♡

私の“推しカラーメイク” の楽しみ方

自ら考えた「推しカラーメイク」を発信しているモデル・さきのさん。
普段からどのように推し活×メイクを楽しんでいるかを教えてもらいました！

現場に合う雰囲気で
カラーメイクを楽しむ

私は漫画やアニメを中心に幅広く楽しく推し活をしています。『刀剣乱舞』が特に好きです。SNSで発信している「推しカラーメイク」は、キャラクターのカラーや概念から考えたメイクで、好きなキャラや、リクエストをもらったキャラのメイクをしています。キャラの配色や世界観のメイクはすごく楽しいです！

推しカラーメイクは、舞台観劇やイベント時、友達と遊ぶ日などにしています。『刀剣乱舞』の舞台観劇のときは、推しの山姥切国広をイメージした服装とメイクで楽しみました♪ 舞台とコンサートでは雰囲気が変わるので、現場に合うテンションのメイクにすることは意識しますね。

お気に入りの推しカラーメイク

\ VTuberの /

不破 湊 イメージメイク

推しカラーの再現度が高く、特にお気に入りのメイク！ キャラ自身のメイクも取り入れて、キャラファンの方にも「不破っちじゃん！」と言ってもらえる仕上がりになりました。

Profile　及川さきの

モデル、コスメコンシェルジュ。『刀剣乱舞』のキャラクターイメージのコスメをきっかけに「推しカラーメイク」を研究するように。好きな作品は『刀剣乱舞』、『ハイキュー!!』、『ヒプノシスマイク-Division Rap Battle-』、『Fate』シリーズ、『呪術廻戦』など。VTuberの推し活も楽しんでいる。
【X（Twitter）】@teammusashin0

持っているコスメは100種類以上！ カラーコスメはプチプラだと「ヴィセ」、「ケイト」は種類が豊富で、質もよくておすすめです。デパコスだと「RMK」は日本人の肌色に合う絶妙なカラーが多くお気に入り。

♥ 推し色をまとう楽しみでメイクを好きになれる

と、目・頬・唇のうち2つは色をリンクさせることを意識しています。難しい色の場合は、自分に合う色のメイクの上にワンポイントで加えて楽しむのもおすすめです。

推し活を楽しむためにカラーメイクをすることもあれば、逆にカラーメイクを楽しむために推し活の知識を活かすこともありますね。「このコスメとこのコスメを組み合わせたら、あのキャラっぽい配色になるな」と考えるとメイクやカラーコスメ選びがもっと楽しくなります！

やっぱり推しの色は元気をもらえますし、推しの色をまとう楽しみを通じて、今は苦手でもカラーメイクが好きになる人が増えたら嬉しいなと思っています。自分の味方となるメイクで、推し活をもっと楽しんでいきましょう！

派手すぎずに、ちゃんとイベント現場や日常でも使えるカラーメイクにするには、顔全体のバランス感が大事だと思います。私はバランスを取るために、目元を派手にしたらチークは控えめにするこ

【右メイク】キャラクター本人が持っている、気だるさと強さのどちらの部分もメイクの中で表現することができたと思っています。肌なじみのいい仕上がりにできたところもお気に入りです。
【左メイク】「日常使いしやすいメイクで」とリクエストをもらったキャラメイク。使うには少しハードルの高い青緑でキャラの雰囲気に沿わせつつ、日常使いできるメイクに落とし込めました。

＼ ディズニー ツイステッドワンダーランドの ／
ジェイド・リーチ イメージメイク

＼ 刀剣乱舞の ／
大倶利伽羅 イメージメイク

＃推し活メイク

CHAPTER

3

世界観を楽しむ
推しの概念メイク

Oshi-Motif

MOTIF ◊ 1 　水

MOTIF ◊ 2 　火

MOTIF ☽ 3 　星・月

MOTIF ✿ 4 　花

MOTIF ❀ 5 　薔薇

色だけではなく、推しの作品の世界観や

キャラのモチーフから連想してメイクを楽しんでみましょう。

推しを身近に感じるような不思議な感覚に♡

世界観を楽しむ推しの概念メイク

MOTIF 1

水
- イメージメイク -

水面のような煌めきと圧倒的透明感

WATER

POINT

異なるラメを MIX して
水面のようなキラキラ感

眉、目頭、目尻な
どに様々なラメを
加えることで、太
陽の光がキラキラ
と反射した水面の
揺らぎを表現。黒
目下のラインスト
ーンはお好みで。

淡いペールブルーを
頬にのせて
透明感 UP

チークの代わりに
ペールブルーのフ
ェイスカラーを頬
の高い位置へ。光
の効果でぷるんと
瑞々しい肌印象を
アシストする。

涼しげなブルーと
輝きをリップにも

青み系リップを唇
全体へ。しっかり
塗ると顔色が悪く
見えてしまいがち
なので、薄く1回
塗り程度でOK。

淡いブルーと輝きで
ゆらめく水面のように

水を連想させるブルーやホワイトをセレクト。チークやリップもあえてブルーで統一感を。さらっと軽い発色でなじませるのがポイントです。目元は様々なラメをMIXして水面の輝き、上下のアイラインで水の流れを表現しました。

ITEMS

a ミネラルリキッドリーシャドー 04 ¥3630／MiMC　**b** DIDION リキッド グリッター 01 ¥1650／ファッションネット　**c** ヴィセ アヴァン リップ＆アイカラー ペンシル 004 ¥1320（編集部調べ）／コーセー　**d** スナイデル アクアジェム グロウ 02 ¥3080／スナイデル ビューティ　**e** アナスイ ルージュ 002 ¥3850／アナ スイ コスメティックス

【HOW TO】いつもの眉メイク後、眉毛表面に**a**の水色ラメをのせる。アイホールにも**a**を指で薄く広げ、目頭から中央に**d**を指でON。目尻部分には**b**を指でトントンと軽くのせる。目頭から目尻へ向かってだんだん濃くなるように**c**で水色のラインを引く。下まぶたも**c**でラインを入れるが、目頭から黒目下の範囲で。ラインストーンをつける場合は下まぶたラインのエンド（黒目下）に、つけまつ毛用ののりを使ってつける。頬の高め位置に**d**を指でポンポンと軽くのせ、唇全体には青みリップの**e**をさらっと塗る。

火
- イメージメイク -

心燃えるように情熱的な火照りメイク

FIRE

CHAPTER 3

世界観を楽しむ 推しの概念メイク

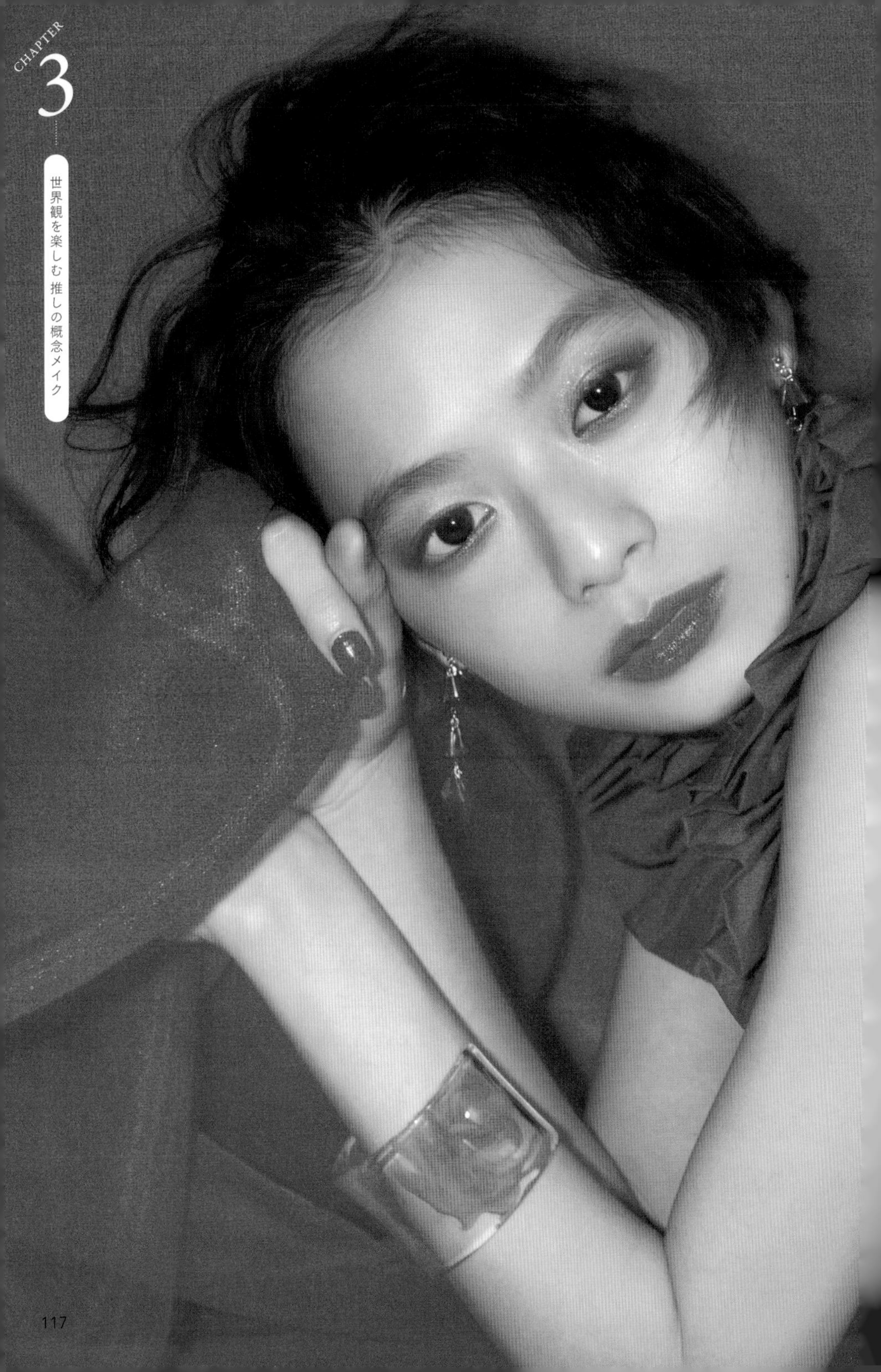

POINT

ALL 赤で揃えて
熱を帯びた視線へ

強くなりがちな赤メイクも、締め色で黒や茶を使わないことで、抜け感のある目元に。眉もオレンジで抜け感を作って。繊細さの中に熱を秘めた印象に。

上目&鼻筋チークで
火照り感をプラス

チークは鼻筋横と鼻根寄りの鼻筋上にON。それぞれ左右を繋げず、ポイントでチークを入れることで、自然に火照ったように仕上がる。

オレンジと赤の
炎色グラデリップ

唇全体にツヤ系のオレンジのリップを仕込み、中央にはマットな赤ティントでグラデに。異なる質感を合わせて燃える火のようにジュワッと発色させる。

内なる強さを秘めた
ジュワッと火照る火メイク

火イメージの赤を主役にしつつ、オレンジを差し、締め色を入れずに抜け感を作り、程よい強さの赤メイクに。目元は赤を重ねてメリハリをつけて、強すぎず重すぎず内なる情熱をアピール。唇はグラデで燃え盛る炎を表現しました。

ITEMS

a　b　c　d　e　f　g　h

【HOW TO】眉は全体を**a**でカラーリングするのみ。目尻側からアイホール中央へ向かってブラシで**b**を広げしっかり発色。目頭側からアイホール中央に**c**をブラシで広げる。下まぶた全体にも**c**をチップでON。目尻のみ**e**の赤アイライナーでラインを引き、アイラッシュカーラーでまつ毛を上げた後にまつ毛に**d**の赤マスカラを塗る。**f**のチークを指に取り、目よりやや下の鼻筋部分と、頬より高い鼻筋横の部分にのせる。唇全体にはオレンジリップの**g**を塗る。さらに唇中央のみ赤ティントの**h**を塗り、唇上下を擦り合わせてぼかす。

a プロフェッショナル 3Dブロウ マスカラ 104 ¥1320、**b** ワンダー キューブ アイシャドウ パール P005 ¥880／ともにリンメル　**c** フーミー シングルアイシャドウ シャルルコーラル ¥1430、**d** 同 ロング＆カールマスカラN ストロベリーレッド ¥1650／ともにNuzzle　**e** アディクション ザ カラー リキッド アイライナー 003 ¥3300／アディクション ビューティ　**f** キャンメイク クリームチーク（クリアタイプ）CL01 ¥638／井田ラボラトリーズ　**g** スナイデル ルージュ スナイデル 10 ¥3080／スナイデル ビューティ　**h** アイムミミ ミステリーフラッシュティント 001 ¥1320／サン・スマイル

星・月

- イメージメイク -

美しい夜空のロマンティックな星や月のように

STAR

MOON

CHAPTER 3

世界観を楽しむ推しの概念メイク

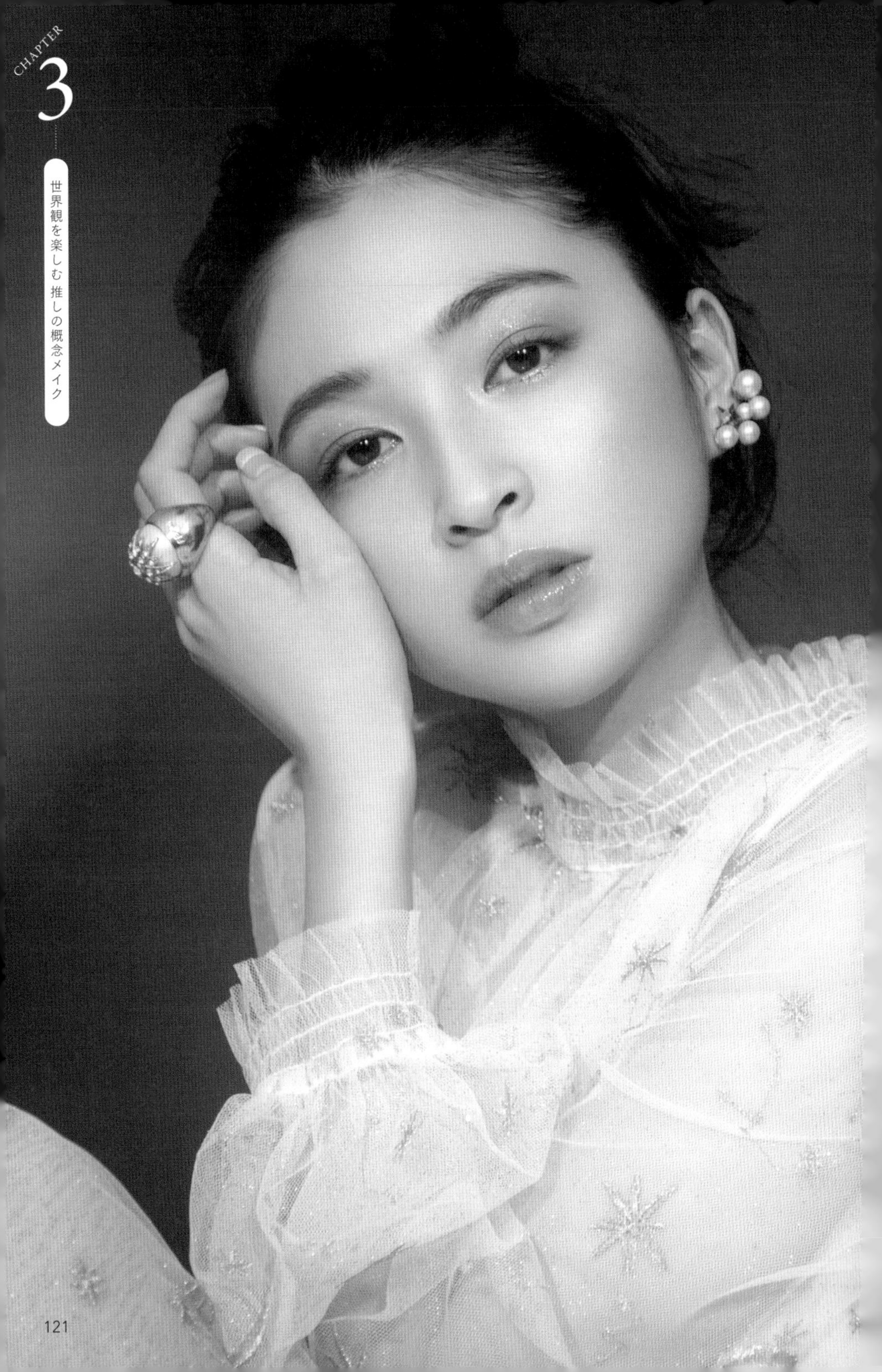

POINT

**夜空のようなブルーに
星屑ラメを重ねて**

広く薄くくすみ青
のアイシャドウを
のせ、その上から
シルバーのグリッ
ターラメを大胆に
重ねて。目頭には
星月イメージの黄
色でラインを入れ、
目元だけで美しい
星空を演出。

**さりげないイエローで
引き算チークに**

頬全体にはふんわり黄色のチー
クを。ヘルシーな印象をアシス
トし、存在感のある目元を程よ
くカジュアルダウン。

**星月カラーのイエローの
うるツヤリップ**

唇全体にはモチーフ
イメージカラーの黄
色のグロスを。黄色
でくすみを一掃し、
自然なツヤと明る
い血色を添えてく
れる効果も。

世界観を楽しむ推しの概念メイク

神秘的な星月の輝きが
引き立つ夜空のブルー

澄んだ夜空に煌めく、星や月からインスピレーション。くすみ青のアイシャドウを広く入れつつ、その他のカラーを星や月を思わせる黄色にまとめることで、程よくカジュアルになります。グリッターやリップのツヤが光をまとい可愛さUP。

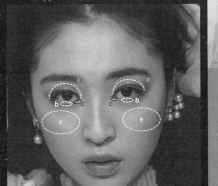

【HOW TO】aの青をアイホール広めにブラシで薄く広げる。その上からbのラメを指に取り、ポンポンとまぶた全体に。さらに黒目下のまつ毛の隙間にもON。下まぶたの目頭には、cで短く黄色ラインを引く。アイラッシュカーラーでまつ毛を上げた後、まつ毛は全体にくすみ水色のdを塗る。チークはeをブラシに取り、頬の高い位置から楕円形に広げる。唇には黄色のグロスのfをたっぷりと全体に塗り広げる。

ITEMS

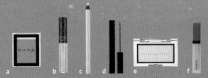

a ケイト ザ アイカラー M108 ¥715（編集部調べ）／カネボウ化粧品 b rom&nd リキッドグリッターシャドウ 04 ¥1100／韓国高麗人蔘社 c ヴィセ アヴァン リップ＆アイカラーペンシル 003 ¥1320（編集部調べ）／コーセー d アディクション ザ マスカラ カラーニュアンス WP 008 ¥4180、e 同 ザ ブラッシュ マット 001M ¥3300／ともにアディクション ビューティ f ディヴァインリップジェム 01 ¥3850／THREE

MOTIF　4

花

- イメージメイク -

儚げに咲く花たちのようにふんわり可憐に

FLO WE R

POINT

儚いパープルに
ピンクをトッピング

花の華奢感や儚さ
を表現するため、
メインカラーはす
みれのようなパー
プルに。眉とライ
ンのピンクでコン
トラストを加えて
目元が寂しい印象
にならないように。

小鼻横&鼻筋に
パープルのツヤ足し

全体の質感はマッ
トにしつつ、顔中
心の鼻筋や小鼻横
に部分的にハイラ
イトを入れる。適
度にメリハリ感を
プラス。パープル
で透明感も。

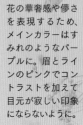

唇にラメを足して
繊細さを演出

唇はリップクリー
ムなどで整えた後、
中央にラベンダー
カラーのラメアイ
シャドウをポンポ
ンとON。白みがか
った発色でピュア
な印象に。

126

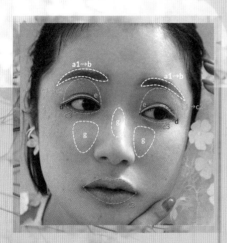

華奢なマットで
淡く清く、花のように

すみれなどの小花をイメージ。花びらのように全体をマット質感でまとめて、ピュアで柔らかな雰囲気に。コントラストはつけすぎず、パープルのハイライトや唇のラメなどで質感をチェンジ。繊細さを際立たせつつ、立体感を演出します。

ITEMS

【HOW TO】aの1のモーヴ色を眉全体へ。その上からbでパープルにカラーリング。アイホール全体にブラシでcの1とcの2を重ねる。下まぶた全体にはcの3をブラシでON。上まつ毛の隙間をdで埋め、上まぶたのキワをeでラインを引く。目尻はやや長めに引き抜いて存在感を。アイラッシュカーラーでまつ毛を上げた後、まつ毛全体にfを塗る。鼻筋横・鼻筋にはgでツヤ足し。唇はリップクリームで整えた後、cの3を指に取り、唇にトントンとなじませる。

a フーミー マルチアイブロウパウダー レディモーヴ ¥1980／Nuzzle　b ケイト 3DアイブロウカラーN PU-2 ¥935（編集部調べ）／カネボウ化粧品 c AMUSE アイヴィーガンシアーパレット 04 ¥3630／インターナショナルコスメティックス d ヴィセ アヴァン リップ＆アイカラー ペンシル 006 ¥1320（編集部調べ）／コーセー e A.BLACK カラーパフォーマンスアイペンシル 04 ¥1800／CLUB CLIO　f アディクション ザ マスカラ カラーニュアンス WP 007 ¥4180／アディクション ビューティ g セザンヌ パールグロウニュアンサー N2 ¥660／セザンヌ化粧品

薔薇

- イメージメイク -

一輪でも華やかな気高いレディに

RoSE

世界観を楽しむ推しの概念メイク

POINT

1つのパレットで
目元と眉を色づけ
るのがポイント。
赤みのあるブラウ
ンで、上品にじん
わりと熱を感じさ
せて。さらに薔薇
の棘のようなハネ
上げラインで目元
の印象を強く。

自然な血色の
レディなチーク

ローズカラーのクリームチークを
頬になじませる。頬高めに入れる
ことで、ポッと赤らんだような色
気のある大人っぽさを。

色気を添える
ローズカラーのグロス

薔薇の妖艶さをイ
メージして、唇には
ツヤたっぷりなグロ
スタイプを。チーク
や目元と同系色の
ローズで彩る。

世界観を楽しむ推しの概念メイク

凛とした力強さと
色っぽさで惹きつける

薔薇が持つ華やかさ、上品さ、色気を表現するために、ローズカラーのワントーンにしました。眉と目元に同じアイシャドウを使うことで統一感が生まれ、赤みブラウンで女性らしさもUP。眉、アイライン、まつ毛の強さで全体を引き締めて。

【HOW TO】眉を**a**のアイシャドウでカラーリング。**a**の1と2をブラシで混ぜ、ふんわりと眉全体へ。アイホール全体には**a**の3をブラシで広げ、その上から4を被せる。下まぶた全体には**a**の3をブラシでのせる。目尻には**b**の赤みニュアンスのアイライナーで太めの跳ね上げラインを引く。アイラッシュカーラーでまつ毛を上げた後、マスカラをまつ毛全体に塗る。**c**を指に取り、頬高めにポンポンと薄く広げていく。ポッと赤らんだ上気したような頬に。唇全体には**d**をたっぷりと重ね塗り。

ITEMS

a アディクション ザ アイシャドウ パレット 008 ¥6820／アディクション ビューティ **b** フジコ 仕込みアイライナー 02 ¥1628／かならぼ **c** スナイデル アクアジェム グロウ 07 ¥3080、**d** 同 ピュア グロス 03 ¥2860／ともにスナイデル ビューティ

チラッと見るたびに心が躍る♡

手元で楽しむ
"推しカラーネイル"

ネイルに推しカラーを取り入れると、視界に入るたびにテンションが上がりますよね？　ここではベタ塗り以外のネイルの楽しみ方を紹介します。

❤1 先端に"ちょんちょん塗り"

ワンカラー

爪全体にクリアのネイルベースを塗る。好きな推し色を爪先の中央に"ちょん"とひと塗りし、その上からトップコートを塗って完成。

3色重ね

推し色のカラーを薄くベースに塗る。濃いカラーをメインに、同系色や白をランダムにちょんちょん塗り。雑に重なるぐらいが可愛い！

ベタ塗りでも
もちろん可愛い♡

2

クリアカラーと
"派手色フレンチ"

クリアのネイルベースを爪全体に。
ヴィヴィッドなカラーのネイルを
爪先に細くライン状に。ミニマム
ラインなので派手色がバランス◎。

3

2色使いの
"ハーフネイル"

コンビ推しの場合、こんな2色使い
も可愛い。透明のネイルベースを
爪全体に塗ってから、推し色を交互
に塗る。爪の横半分から真っすぐに。

4

あえてかすれた
"絵の具塗り風"

透明のネイルベースを全体に塗っ
てから、2色～3色を雑に塗る。
サッとペイントするように塗る
と、絵の具塗り風でおしゃれ！

＃推し活メイク

CHAPTER

4

推し活シーンメイクの
Q＆A

皆様からいただいた「推し活時のメイク＆スキンケア」の質問に
paku ☆ chan がお答えします！

メイク編

Q. 推しに対面する際や、長時間イベントの
ときの肌のテカリが気になる……
直し方を教えてください。（PN：ソナタさん）

A **余計な皮脂をティッシュで押さえる**ことがポイント！
ただし、ティッシュが2枚重ねのままだと
必要な油分まで取ってしまうので**薄紙1枚がベスト。**
その後にあぶらとり用コスメと
フェイスパウダーで整えるようにしましょう。

▲全体がテカっている場合は、2枚重ねのティッシュを1枚の薄紙にして、全体を押さえる。

▲部分的に押さえるときは、スポンジをティッシュに包んで。浮いた部分をならし、必要な油分は残す。

おすすめ
アイテム

ティッシュオフ後に指でON。皮脂を吸収してくれる。フジコ あぶらとりモバイル 7g ¥990／かならぼ

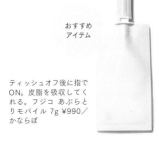

▲上写真のティッシュの中はこんな感じ。1枚の薄紙にしたティッシュでスポンジを包む。

Q. 観劇で号泣した後のアイメイクの崩れを
幕間でササッと直す方法が知りたいです。(PN：モチ子さん)

A **アイメイクのヨレはバームをつけた綿棒で一掃！**
バームで崩れを取る＆保湿し、**指につけた**
パウダーやファンデーションをなじませます。
アイメイクを足すならその上から。

▲バームを綿棒につけて
目元の崩れた部分をぬぐい取る。

▲パウダーはつけすぎ予防のため
指先につけてなじませるのがポイント。

おすすめ
アイテム

お直しにも保湿にも◎。
イハダ 薬用クリアバーム
[医薬部外品] 18g ¥1760
（編集部調べ）／資生堂薬
品

Q. 普段メイクをあまりしないので、
イベントのときにメイクをしようとすると
アイラインが苦手でガタガタになったり太くなったりします。
キレイに描くコツはありますか？(PN：七星さん)

A 目頭・黒目上・目尻の3パート
に分け、**目尻側→黒目上→目頭**
の流れで目尻に向かって描くと
失敗しづらいです（目尻側に
繋げていくイメージ）。
目を開けたまま描くのも
失敗しづらいポイント。

▲目尻ラインは斜め45度を意識！
スッと引き抜くように描いて。

CHAPTER 4

推し活シーンメイクのQ&A

Q. 大事な " 推し事 " 前は高確率で肌トラブルが起きるので、上手な誤魔化し方が知りたいです。（PN：ほっしーさん）

A 肌トラブル部分にオレンジ色のコンシーラーを塗り、その周りにベージュ系コンシーラーをのせてスポンジでぼかせば自然に高カバー！

おすすめアイテム

オレンジとベージュの2色セット。&be ファンシーラー SPF20・PA++ 全2種 ¥3850／Clue

Q. コミケなど真夏のイベントを乗り越えられるベースメイクが知りたいです。どうやってもドロドロに……。（PN：ななみさん）

A 夏用のコスメにチェンジしましょう。皮脂くずれ防止のものなど汗や擦れに強いベースメイクを層のように重ねるのが◎。最後はフィックスミストでフタを。

おすすめアイテム

a b c

a サラサラ肌が続く。メイク キープ プライマー 25g ¥1320（編集部調べ）／コーセーコスメニエンス b テカリにくいファンデーション。ネオクッション マット SPF42・PA++ 15g 全3色 ¥2970／LANEIGE（アモーレパシフィックジャパン）c メイクの仕上げに。カラーステイ ロック セッティング ミスト 56ml ¥1540／レブロン

Q. マスクをしていると鼻周りが擦れていてファンデが取れている！チェキ撮影のときに気になるので、マスク擦れでも崩れにくくなる対処法を教えてほしいです。（PN：レッサーパンダ並のクマ持ちさん）

A どうしても崩れるので、マスクをする日は直す前提で下地多め＋ファンデーションを少なめに。マスクの内側にフェイスパウダーを軽くはたいておくのも◎。

Q. ライブに向けて1週間くらいでできるスキンケアが知りたいです！
お肌ピカピカでライブに行きたい！（PN：つなさん）

A プチプラでいいので、**朝晩ともシートマスクでケア**をすれば見違えるほど肌ツヤ UP！さらに**日中やシャンプーついでに頭皮マッサージ**をすると、顔が引き上がるのでおすすめです。

▲指の腹で耳の上の側頭筋を中心にマッサージすると、むくみ解消に効果的！

Q. きちんと前髪を整えても会場に着くと乱れたりうねったりでテンションが下がってしまいます……。（PN：ひよっぴさん）

A **ブローミストで髪の根元から癖を整えた後にアイロンで巻いたり、**ストレートに伸ばす仕込みが重要です！このひと手間で断然崩れにくくなります。

おすすめ
アイテム

なじませて乾いてからスタイリングを。YOLU カームナイトリペアブースターヘアミスト 200ml ¥1540／I-ne

Q. イベントでがっつりカラーメイクをすると色素沈着が心配です。
メイクオフのコツはありますか？（PN：さくらさん）

おすすめ
アイテム

敏感肌にも優しいタイプのリムーバー。ビオデルマ サンシビオ エイチツーオー アイ 125ml ¥1980／NAOS JAPAN

A **目元や唇はポイントメイクアップリムーバーでしっかり落としましょう。**コットンで擦らず、押さえるようになじませてから優しくオフを心掛けて。

Q. 推しとの対面前に緊張して唇がかさついてしまいます……。
パパッと直す方法はありますか? (PN：りりかさん)

A **リップケアもバーム**を活用します！
綿棒にバームをなじませて、くるくる転がせば、
皮剥けを取り除きつつ唇全体に潤いをプラス。
さらにグロスを塗ってツヤで誤魔化すのも◎。

▶綿棒にバームを
たっぷりと取り、
左右にくるくると
転がしてなじませる。

おすすめ
アイテム

P136でも紹介した、イ
ハダ 薬用クリアバーム

Q. イベントが続いたり、朝から物販に並んだりすると、
疲労からか顔がどんどん死んでいき
推しに合わせる顔がありません。(PN：ありすさん)

A 疲れ顔のときは血行を促進するマッサージでくすみを
オフしましょう。耳を後ろへ向かってくるくる回す＆
「い→う」の形に口を動かします。顔色がパッと明るく！

▲口角を上げた「い」の状態に。
耳は後ろに向かってくるくる回す。

▲口元を「う」とすぼめながら
耳を回すのを10回程度繰り返す。

COSMETICS

I-ne	0120-333-476
アディクション ビューティ	0120-586-683
アナ スイ コスメティックス	0120-735-559
井田ラボラトリーズ	0120-44-1184
イミュ	0120-371-367
インターナショナルコスメティックス	0120-521-703
UZU BY FLOWFUSHI	0120-963-277
エチュード (アモーレパシフィックジャパン)	0120-964-968
エテュセ	0120-074316
MiMC	03-6455-5165
msh	0120-131-370
エレガンス コスメティックス	0120-766-995
オルビス	0120-010-010
花王	0120-165-691
かならぼ	0120-91-3836
カネボウ化粧品	0120-518-520
韓国高麗人蔘社	03-6279-3606
CLUB CLIO	https://www.rakuten.ne.jp/gold/cliojapan/
クリオ	https://cliocosmetic.jp/
Clue	0120-274-032
Koh Gen Do	0120-77-4107
コージー本舗	03-3842-0226
コーセー	0120-526-311
コーセー コスメニエンス	0120-763-328
コーセーコスメポート	0800-222-2202
Coty	0120-878-653
サン・スマイル	03-6672-6480
JF ラボコスメ	072-921-6896
資生堂	0120-81-4710

資生堂薬品	0120-81-4710
ジルスチュアート　ビューティ	0120-878-652
シャンティ	0120-56-1114
スナイデル ビューティ	03-3261-9968
THREE	0120-898-003
セザンヌ化粧品	0120-55-8515
セルヴォーク	03-3261-2892
ちふれ化粧品	0120-147420
ディー・アップ	0120-39-8031
D-Nee コスメティック	info@d-nee-cosmetic.jp
T-Garden	0120-0202-16
DINETTE	0120-290-117
常盤薬品工業 お客さま相談室	0120-081-937
NAOS JAPAN	0120-074-464
Nuzzle	0120-916-852
NOIN	info@noin.tv
VIVAWAVE	050-5357-3311
ファッションネット	03-5412-5311
Flynn (クレヴィオ)	078-599-7552
ポール & ジョー ボーテ	0120-766-996
マリークヮント コスメチックス	0120-53-9810
ミシャジャパン	0120-348-154
メイベリン ニューヨーク お客様相談室	03-6911-8585
ヤーマン	0120-010-642
Laka (アリエルトレーディング)	03-5786-0482
LANEIGE (アモーレパシフィックジャパン)	0120-239-857
リンメル	0120-878-653
Rainmakers	03-6222-9674
レザボア	uneven@rsvtokyo.com
レブロン	0120-803-117
ローラ メルシエ ジャパン	0120-343-432

CLOTHES

alpaca to hana	bouquet.du.coton@gmail.com
ASAMI FUJIKAWA	info@asamifujikawa.com
ESTEEM PRESS	03-5428-0928
オフィス サプライズ	03-6228-6477
ココ ディール	03-4578-3421
サンポークリエイト	082-248-6226
ショールーム シャルメール	03-6384-5182
CHERIE	03-3498-0580
ティースクエア プレスルーム	03-5770-7068
トリートユアセルフ ルミネエスト新宿店	03-4363-8569
Bellmignon	yui.iwatsu@gmail.com
yae	yae_info@auntierosa.com
リリアン カラット	03-4578-3338

モデル着用アイテム

[P.14, 18]　イヤリング／ASAMI FUJIKAWA
[P.15, 16]　カットソー／トリート ユアセルフ(トリート ユアセルフ ルミネエスト新宿店)
　リング／ASAMI FUJIKAWA
[P.20, 24]　ピアス／ASAMI FUJIKAWA
[P.21, 22]　Tシャツ、タンクトップ／TELA (ティースクエア プレスルーム)
[P.26, 30]　ワンピース／TELA (ティースクエア プレスルーム)
[P.27, 28]　ピアス／ミミサンジュウサン (サンポークリエイト)
[P.32, 34]　トップス※参考商品／Yui Iwatsu(Bellmignon)　カチューシャ／トリート ユアセルフ
　(トリートユアセルフ ルミネエスト新宿店)　リング／ASAMI FUJIKAWA
[P.3, 33, 36]　トップス※参考商品／Yui Iwatsu(Bellmignon)
[P.44, 46]　ブラウス／MIDDLA(ESTEEM PRESS)
[P.2上, 45, 48]　トップス／リリアン カラット
[P.50, 54]　ジャケット／MIDDLA(ESTEEM PRESS)
[P.4, 51, 52]　ブラウス／CHERIE
[P.57, 58]　ワンピース／TELA(ティースクエア プレスルーム)

[P.56, 60]　　　　タンクトップ／TELA(ティースクエア プレスルーム)　パンツ／yae

[P.62～64]　　　　トップス／ADELLY(オフィス サプライズ) ワンピース／ココ ディール

[P.66, 70]　　　　ニット／ココ ディール

[P.66, 72]　　　　ブルゾン／YOOKIM(ショールーム シャルメール)　ネックレス／ASAMI FUJIKAWA

[P.67, 68]　　　　トップス使いのベルト／yae　イヤリング／アネモネ(サンポークリエイト)

[P.2下, 92～95]　　イヤリング／アネモネ(サンポークリエイト)

[P.96～99]　　　　カーディガン、トップス／ともにココ ディール　パンツ／TELA (ティースクエア プレスルーム)
　　　　　　　　　イヤリング／alpaca to hana

[P.100～103]　　　パンツ／ADELLY(オフィス サプライズ)

[P.104～107]　　　トップス／トリート ユアセルフ(トリート ユアセルフ ルミネエスト新宿店)
　　　　　　　　　イヤリング／アネモネ(サンポークリエイト)

[P.5, 112～115]　　ブラウス※参考色／yae　ワンピース／TELA(ティースクエア プレスルーム)

[P.124～127]　　　ワンピース※参考商品／Yui Iwatsu(Bellmignon)　フラワーピアス／alpaca to hana

[P.128～131]　　　ブラウス、ワンピース※参考商品／Yui Iwatsu(Bellmignon)　リング／ASAMI FUJIKAWA

[P.135～139]　　　ピアス／ASAMI FUJIKAWA

※記載がないアイテムはすべてスタイリスト私物

PROFILE

監修　劇団雌猫

平成元年生まれのオタク女4人組(もぐもぐ、ひらりさ、かん、ユッケ)。2016年に発行した同人
誌が話題に。のちに『浪費図鑑』(小学館)として書籍化。『一生楽しく浪費するためのお金の話』(
イースト・プレス)、『本業はオタクです。シュミも楽しむあの人の仕事術』(中央公論新社)、『世
界が広がる 推し活英語』『世界が広がる 推し活韓国語』(Gakken)など、編著や監修を多数手が
けている。

メイク　paku☆chan

神奈川県出身。5年間ヘアメイクアシスタントを務めたのち、独立。女性誌、美容雑誌の他、
女優、アーティスト、タレントのヘア＆メイクを手がける等、活動の場は多岐にわたる。繊細なメ
イクテクニックとトレンドをMIXさせる感性で、一人一人の美人度を更新する理論派メイクが人気。
20、30代女性からの支持も厚く、最も注目のヘア＆メイクアップアーティストの一人である。

STAFF

撮影／榊原裕一(人物)、竹下アキコ(静物)
イラスト／meeco
スタイリング／平田雅子
モデル／いしだちひろ、上西星来、
　　　　松木育未(LIGHT management)
デザイン／mambo西岡、志賀祐子、佐藤麻奈、
　　　　福原友規、藤原裕美、重盛郁美(ma-h gra)
DTP／柏倉真理子
文／谷口絵美
編集／田中淑美
編集長／和田奈保子

▥ 商品に関する問い合わせ先

このたびは弊社商品をご購入いただきありがとうございます。本書の内容などに関するお問い合わせは、下記のURLまたは二次元バーコードにある問い合わせフォームからお送りください。

https://book.impress.co.jp/info/

上記フォームがご利用いただけない場合のメールでの問い合わせ先
info@impress.co.jp

※お問い合わせの際は、書名、ISBN、お名前、お電話番号、メールアドレスに加えて、「該当するページ」と「具体的なご質問内容」「お使いの動作環境」を必ずご明記ください。なお、本書の範囲を超えるご質問にはお答えできないのでご了承ください。

●電話やFAXでのご質問には対応しておりません。また、封書でのお問い合わせは回答までに日数をいただく場合があります。あらかじめご了承ください。
●インプレスブックスの本書情報ページ　https://book.impress.co.jp/books/1122101113 では、本書のサポート情報や正誤表・訂正情報などを提供しています。あわせてご確認ください。
●本書の奥付に記載されている初版発行日から3年が経過した場合、もしくは本書で紹介している製品やサービスについて提供会社によるサポートが終了した場合はご質問にお答えできない場合があります。
● 本書の記載は2023年9月時点での情報を元にしています。そのためお客様がご利用される際には情報が変更されている場合があります。あらかじめご了承ください。

▥ 落丁・乱丁本などの問い合わせ先

FAX　03-6837-5023 ／ service@impress.co.jp
※古書店で購入されたものについてはお取り替えできません。

推し色に染まる
#推し活メイク

2023年10月11日　初版第1刷発行

監修　　劇団雌猫
メイク　paku☆chan
発行人　高橋隆志
発行所　株式会社インプレス
　　　　〒101-0051 東京都千代田区神田神保町一丁目105番地
　　　　https://book.impress.co.jp/

印刷所　シナノ書籍印刷会社
ISBN 978-4-295-01771-4　C2077
Printed in Japan